過量販売

弁護士
朝山道央
ASAYAMA MICHIO

一般社団法人 金融財政事情研究会

は し が き

　本書は、いわゆる「過量販売」（次々販売）に関する法律問題を取り扱う実務書である。

　平成20年に特定商取引に関する法律が、平成28年に消費者契約法がそれぞれ改正され、分量等が過剰な契約に関する法規定が創設された。しかし、これらの規定は抽象的な概念を用いているうえ、裁判例の集積は十分とはいえない。法令適用の予測可能性が乏しければ、消費者相談等の実務に支障を来すおそれがあり、他方、事業者にとっては過度に保守的な対応を取ることによる事業活動の萎縮が懸念される。

　そこで、本書は、事業会社・信販会社の担当者、消費生活相談員、実務法曹等を対象として「過量販売」に関する法律問題を解説することを第一の目的としている。また、企業関係者を対象として、実務対応の一案を提供することも試みている。

　第1章「法規制」では、具体的な事例（裁判例）を引用しつつ各法令の規制内容を解説する。

　第2章「企業対応の実務」では、企業運営における実務対応の一案を提示する。

　第3章「裁判例」では、裁判例の事案と判断の概要を紹介する。巻末には裁判例の一覧表を掲載している。

　本書において第3章掲載の裁判例を引用する際は、【1】などと表記することとする。

本書が読者のみなさまの一助となれば幸いである。

2025年3月

才高支援法律事務所 弁護士 **朝山　道央**

● 目　次

第1章　法　規　制

第1　全　体　像 ……………………………………………………… 2
1　各法令の概要 ……………………………………………………… 2
2　民事規制 …………………………………………………………… 6
3　その他の法令 ……………………………………………………… 7

第2　民　　法 ………………………………………………………… 8
1　公序良俗違反と不法行為 ………………………………………… 8
2　裁判例の調査 …………………………………………………… 11
3　要素①〔契約〕 ………………………………………………… 14
4　要素②〔消費者の状況（判断能力を除く。)〕 ……………… 21
5　要素③〔合理的な判断をすることができない事情〕 ……… 29
6　要素④〔事業者の認識〕 ……………………………………… 34
7　要素⑤〔事業者の勧誘〕 ……………………………………… 39
8　判断の傾向（まとめ） ………………………………………… 41

第3　消費者契約法 …………………………………………………… 47
1　規制の概要 ……………………………………………………… 47
2　規制の目的 ……………………………………………………… 47
3　要件の構造 ……………………………………………………… 50
4　要件①〔過量性〕 ……………………………………………… 53
5　要件②〔事業者の認識・勧誘〕 ……………………………… 65
6　要件③〔勧誘による意思表示〕 ……………………………… 67
7　累積型契約（次々販売） ……………………………………… 68
8　当該契約の締結を必要とする特別の事情 …………………… 71
9　適用事例【22】の検討 ………………………………………… 73
10　取消しの効果 …………………………………………………… 75
11　取消権の行使期間 ……………………………………………… 75
12　差止請求権 ……………………………………………………… 76

v

第4	特定商取引法	77
1	規制の概要	77
2	規制の目的	77
3	要件の構造	78
4	要件①〔取引の形態〕	80
5	要件②〔過量性〕	92
6	消極的要件③〔特別の事情〕	96
7	累積型契約（次々販売）	97
8	解除の効果	99
9	解除権の行使期間	100
10	個別クレジット契約	100
11	行政規制と刑事罰	101

第5	条　例	106
1	地方公共団体の役割	106
2	条例の制定状況	106
3	「過量販売」に関係する条例	107

第2章　企業対応の実務

第1	企業理念の策定、企業風土の醸成	113

第2	ルールの策定	115
1	民法及び消費者契約法への対応	115
2	特定商取引法への対応	131
3	指揮命令、業務分掌	134

第3	教育訓練・人事評価	135
1	教育訓練	135
2	人事評価	136

CONTENTS

第4 記録の作成と保管.................137

1 作成・保管の必要性.................137

2 「過量販売」と情報管理.................138

第5 モニタリング・改善.................141

第6 紛争・クレーム対応.................142

第3章 裁判例

裁判例の概要.................143

裁判例一覧表.................188

第 1 章

法 規 制

第 **1** 　全　体　像

1　各法令の概要

　　パートタイマーとして年120万円足らずの収入を得てい
た50歳台の消費者（女性）は、知的障害があり、財産管理
には常に援助を必要とする状態にあった。消費者は、化粧
品販売業者の電話勧誘を受け、化粧品等を購入するように
なった。事業者の担当者は、商品の到着確認を口実として
頻繁に電話をかけ、消費者にその顔写真を送らせ、消費者
からは写真が届いていなかったのに届いた振りをして「吉
永小百合に似ている」などと容姿を褒めちぎることもあっ
た。こうして、約1か月半という期間で、31回にわたり、
合計約915万円の化粧品・健康茶等が次々に販売された。
大半の商品は未開封のまま保管されており、消費者の預貯
金はほとんどなくなった。
（【1】）

　【1】の消費者には、知的障害を要因として判断能力が不足
するという事情があった。事業者は、その消費者の弱点につけ
込み、多量の化粧品等を次々に購入させた。このような事案に
はどの法令が適用されるのであろうか。

【図１】関連法令の全体像

　「過量契約規制法」といった名称でこの種の問題を規律する独立した法令は存在しない。適用可能性のある法規定は、法令中の一部の規定として複数の法令にまたがって存在する。そこで、まずは関連する法規定の全体像を概観する。

(1) 民　　法

　民法は、市民相互の関係を規律する一般法であり、国民の社会生活関係に広く適用される。民法は売買契約や賃貸借契約等の契約類型を定めているものの、契約の目的の分量等が過剰であることを直接的に規律する規定をおいていない。

　特定商取引に関する法律（以下、「特定商取引法」という。）や消費者契約法の改正によって契約の目的の分量等に着目した民事規制が登場するまでの間は、民法の一般的な規定である公序良俗違反による無効（90条）、不法行為に基づく損害賠償請求（709条）が活用されていた。

　これらの規定の適用が認められれば消費者は一定の救済を受

けることができる。しかしながら、民法の規定は抽象的であり、被害の救済として十分ではないと考えられたため、次に述べる法改正が行われた。

(2) 特定商取引法（割賦販売法）

特定商取引法は、訪問販売、通信販売、電話勧誘販売等の「商売の形態」に着目した法律である。特定商取引法は、民法のように取引関係全般に適用されるものではなく、消費者被害が多発している「特定の取引の形態」に限って適用される。

平成20年当時、高齢化の進展により、高齢者等の社会的弱者が訪問販売によって次々に商品購入等の契約を締結させられる消費者被害が多発していた。そこで、平成20年、「特定商取引に関する法律及び割賦販売法の一部を改正する法律」（平成20年法律第74号）が成立し、分量等が過剰な契約を直接的に規律する規定が盛り込まれた。

民事規制として、分量等が過剰な訪問販売による契約を解除することができる権利が創設された。また、事業者が解除の対象となる契約の勧誘をすることが禁止され、行政処分や刑事罰が規定された。

さらに、平成28年、「特定商取引に関する法律の一部を改正する法律」（平成28年法律第60号）が成立し、規制の対象が電話勧誘販売に拡大された。

割賦販売法においては、分量等が過剰な契約に伴う個別クレジット契約についての解除等が規定されている。

第 1 章 ｜ 法 規 制

⑶ 消費者契約法

消費者契約法は、消費者と事業者との間の消費者契約に適用される法律である。特定商取引法とは異なり、適用対象が特定の取引の形態に限定されていない。

平成28年当時、認知症の高齢者等の「合理的な判断をすることができない事情」のある消費者が事業者からその事情につけ込まれて勧誘を受け、不必要な商品を大量に購入させられる消費者被害が発生していた。すでに特定商取引法による法規制が存在していたが、訪問販売に該当しないため同法により救済されない消費者被害も生じていた。

そこで、平成28年、「消費者契約法の一部を改正する法律」（平成28年法律第61号）が成立し、分量等が過剰な契約を取り消すことができる権利が創設された。

⑷ 条　　例

地方公共団体は、法律の範囲内で条例を制定することができる。47都道府県やその他の一部の地方公共団体は、消費者行政に関する条例を制定している。これらの条例のなかには、契約の目的の分量等に言及するものもある。

条例は、法律とは異なり契約の効力に直接影響を与えるものではない。ただし、条例の規定の存在や内容が裁判所による契約の有効性等の判断に影響を及ぼす可能性がある（【19】）。

また、事業者は、条例に基づいて地方公共団体から調査を受け、報告を求められ、場合によれば事業者の名称が公表される

という事実上の不利益が課せられることがある。

2　民事規制

分量等が過剰な契約に適用可能性のある民事規制は、次のとおりである。

> 公序良俗違反（民法）
> 不法行為（民法）
> 契約の解除権（特定商取引法・割賦販売法）
> 契約の取消権（消費者契約法）

訴訟実務において、消費者が複数の法規定の適用を主張することはめずらしくない。そして、同一の事案において、ある法規定の適用が否定されつつ、他の法規定の適用が肯定されることもある（【6】【11】）。消費者の立場としては適用可能性のある法規定を幅広く検討することが重要である。

【図2】民事規制の適用関係

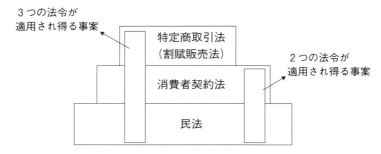

3　その他の法令

　契約の目的の分量等に関連性のある法規定として、以下のものがある。

　消費者政策に関する基本方針を定める消費者基本法は、事業者の責務として、「消費者との取引に際して、消費者の知識、経験及び財産の状況等に配慮すること」を定める（5条1項3号）。

　また、金融商品取引法は、金融商品取引業者等が「金融商品取引行為について、顧客の知識、経験、財産の状況及び金融商品取引契約を締結する目的に照らして不適当と認められる勧誘を行つて投資者の保護に欠けることとなつており、又は欠けることとなるおそれがあること」に該当することのないように業務を行わなければならないと定める（40条1号）。ほかに商品先物取引法215条、貸金業法13条の2、割賦販売法30条の2の2等がある。

第2 民 法

1 公序良俗違反と不法行為

(1) 公序良俗違反

> （民法90条）
> 公の秩序又は善良の風俗に反する法律行為は、無効とする。

ア 公序良俗違反とは

公序良俗違反は、具体的に定められた法律の規定に違反しない場合であっても、社会の一般的秩序や道徳観念に違反する契約等を無効とする制度である。つまり、「過量販売を禁止する。違反した契約は無効である」といった法規定がなくても、分量等が過剰な契約が社会の一般的秩序や道徳観念に反すると評価されれば、公序良俗違反により無効とされる。

イ 公序良俗違反の効果

「無効」とは、初めから何らの法律上の効力も認められないという意味である。無効な契約に基づいて行われた商品の引渡しや代金の支払は、法律上の根拠なく移転したものと取り扱われる。したがって、消費者は、事業者に対し、無効な契約に基

づいて支払った代金の返還を求めることができる。未払いの状態であれば事業者からの代金請求を拒絶することができる。

ウ　どのような場合に無効となるのか

契約当事者は、法令の制限内で契約の内容を自由に決定することができる（民法521条2項）。したがって、契約当事者の意思によって締結された契約は、原則として有効である。

しかし、契約当事者の自由な判断や意思決定が害されていれば、契約の内容を自由に決定することの前提に問題が生じているといえる。

そこで、著しく不公正な方法によって行われ、自由な判断や意思決定が害された契約は、公序良俗違反によって無効とされる（最判昭和49・7・19裁判集民112・249、最判昭和61・5・29裁判集民148・1）。

(2)　不法行為

（民法709条）

故意又は過失によって他人の権利又は法律上保護される利益を侵害した者は、これによって生じた損害を賠償する責任を負う。

ア　不法行為とは

不法行為は、故意又は過失によって他人の権利や利益を侵害した者に対し、これによって被害者に生じた損害を賠償する責

任を負わせる制度である。例えば、故意の暴力行為や注意を欠いた自動車運転によって他人を負傷させた者には、被害者に生じた治療費、逸失利益等の損害を賠償する責任が生じる。

イ　不法行為の効果

　消費者は、事業者に対し、事業者の違法な勧誘行為等によって生じた代金の支出等の損害の賠償を請求することができる。

　消費者が公序良俗違反による契約の無効を理由として支払った代金の返還を請求する場合、請求先は契約相手である事業者に限られる。他方、不法行為による場合は、事業者だけでなく、担当従業員、事業者が法人の場合はその役員、さらには取引に関与した第三者等に対して責任を追及する余地がある（担当従業員の責任を肯定した【1】）。

　また、公序良俗違反と異なる特徴として、不法行為には「過失相殺」の規定がある（民法722条2項）。過失相殺は、被害者の過失を考慮して損害賠償の減額を認める制度である。本書に掲載した裁判例にも過失相殺を適用したものがある（【5】【6】等）。なお、被害者だけでなく、被害者本人と身分上、生活関係上、一体をなすとみられるような関係にある者の過失も考慮される（最判昭和42・6・27民集21・6・1507。消費者の長男の過失を考慮した【21】）。

ウ　どのような場合に不法行為が成立するのか

　不法行為の要件は、「故意又は過失」「他人の権利又は法律上保護される利益」「侵害」「これによって生じた損害」と定めら

第1章 | 法 規 制

れており、公序良俗違反に比べれば具体的ともいえる。しかしながら、個別的事案への適用判断においては難解な問題がある。

例えば、偽物を本物と偽って商品が販売された場合、取引行為の違法性が肯定されるべきであることに疑義はない。他方、商品が繰り返し販売されて一連の契約を通じた分量が過剰と評価できるものの、個々の契約の分量は一般的なものにとどまり、「だます」「脅す」等の不当性がうかがえず、個別の契約単位でみれば健全な取引と何ら異ならないという事案もある。そもそも、事業者が通常の経済活動として消費者に対して商品の販売を勧誘し、契約を締結すること自体は、何ら違法なものではない。そうすると、「健全な取引」と「不法行為を適用すべき違法な取引」とを、どのような基準で区別するのかが問題となる。

不法行為の成立を認めた裁判例としては、「社会的相当性を欠く販売方法が採られたもの」と判示した【20】、「社会通念上許容されない態様で買主である原告の利益を侵害したもの」と判示した【21】等がある。

2 裁判例の調査

(1) 裁判例の分析を必要とする理由

以上のとおり、著しく不公正な方法によって自由な判断や意思決定が害された契約が無効とされ、社会通念上許容されない

11

態様によるもの等が違法とされている。しかし、これらの概念は依然として抽象的であり、個別的事案の結論に対する予測可能性を提供する基準とはいえない。

そこで、以下においては、取引が過剰であることが問題となった裁判例の検討・分析を通じて、公序良俗違反や不法行為が適用されるか否か（以下、「無効性」「違法性」という。）の基準をできる限り具体的に明らかにしたい。

検討対象とした裁判例は、「第3章　裁判例」に掲載した【1】から【25】までのうち【23】【24】を除く合計23件である。最高裁の判断はなく、いずれも下級審判決である。

⑵　考慮要素の分類

裁判例は、無効性や違法性を判断するうえで、契約の内容や経緯、消費者の生活状況、事業者側の認識や勧誘の態様等の種々の事情を総合的に考慮する傾向にある。

例えば、【11】は、次のように述べる。

> 顧客の年齢や職業、収入や資産状況、これらから窺われる顧客の生活状況、判断能力、取引対象商品の必要性、取引の頻度、総量や代金額、取引手法等の諸事情に、これらに対する販売者側の認識も加味した上、総合的に見て、社会的相当性を著しく逸脱したと判断される場合には、公序良俗違反により無効となるというべきである。

本書においては、裁判例が認定し、評価した種々の事情を次

第1章 | 法 規 制

のとおりに分類して整理する。

①	契約	契約の目的の種類や品目、代金等の取引条件、その他の契約に関する事情
②	消費者の状況（判断能力を除く。）	消費者の属性、収入・資産、生活状況、契約等への対応、商品の使用状況、その他の消費者の状況
③	合理的な判断をすることができない事情	消費者の判断能力
④	事業者の認識	①〜③に対する事業者の認識
⑤	事業者の勧誘	事業者による勧誘の態様

⑶ 無効性・違法性を一括した検討

　公序良俗違反と不法行為は別個の法制度であり、要件及び効果が異なる。無効性が否定されて違法性が肯定された【6】、無効性が肯定されて違法性が否定された【11】のように、同一の事案について異なる結論が採用される場合もある。

　他方で、両制度は、種々の事情を総合的に考慮して判断される点で共通しており、考慮すべき事情（要素）にも大差がないと考えられる。また、価値判断としても、消費者の保護を図るべきか、事業者の経済活動に対する過剰な介入となっていないかを問題にする傾向にある点で共通している。

　したがって、次項以下では、両制度を一括して各考慮要素の検討を行うこととする。そのうえで、「8　判断の傾向（まとめ）」において裁判例の判断傾向を総括する。

13

3 要素①〔契約〕

(1) 契約の目的の種類・性質

ア 種類や品目

検討対象23件の大半は、商品が購入された事例である。着物を含む衣服や宝飾品を対象とする事例が17件と多く、ほかに化粧品等（【1】）、資格教材（【5】）、健康関連商品（【13】【15】【25】）の事例がある。

商品の購入以外の事例としては、「美術品の掲載・出展」という役務に対して対価を支払うことを内容とする契約（【10】）、事業者が提供する酵素風呂を回数無制限で利用できる権利の販売（【25】）がある。

イ 性質や特徴

契約の目的の性質や特徴を無効性や違法性を肯定する方向に作用する要素として位置づけた裁判例として【1】【5】【10（他事業者）】【11】【20】がある。

【1】は、多量の化粧品及び健康茶等が販売された事例である。同判決は、「大量に買い込まねばならないほどの希少価値があるとは考え難い」「健康茶には当然ながら賞味期限があるし、化粧品には賞味期限のようなものはないが、フレッシュ期間というようなものがあり、一般には新しいものほど良いとされ、年代物が珍重されるようなことはない」と指摘したうえ

で、短期間に同種類のものを大量に多額のローンを組んでまで
して購買する行動に不合理性、不自然性、異常性を十分見いだ
すことができると判示し、違法性を肯定した。

【5】は、資格教材が販売された事例であるところ、教材の
内容や著者がほとんど不明であり、内容に脈絡がなく、著者が
誰であるかを販売した事業者の代表者も理解していないことが
うかがえると指摘した。【10】は、美術品の掲載・出展契約が
締結された事例であるところ、事業者の義務内容が不明確であ
ると指摘した。これらの事例のように、契約の目的の客観的価
値に問題があれば、契約締結自体に不自然性がうかがえる。

【11】は、高齢女性が約半年で合計約1290万円の婦人服等114
点を購入した事例であるところ、商品が生活に必需といったた
ぐいのものではないこと等を理由として消費者にとって過剰な
量・質の取引であると判示した。【20】は、青年男性が数か月
で合計約300万円の宝飾品を購入した事例であるところ、商品
が消費者の生活に必ずしも必要のないものであったと指摘し
た。他方で、【18】は着物、アクセサリー、バッグ及び洋服に
ついて、「時と場合に応じて使い分けるのが通常である」、【22】
は宝飾品について、「デザイナーが一つ一つデザインするいわ
ゆる一点ものであったことから、複数の物を購入することもあ
り得る」と判示した。

着物や宝飾品を多量に購買する行動は、生活に必需ではない
という点を捉えれば取引が過剰であるとの判断に傾く。しか
し、他方で「生活に必需でなくても複数買い求めることがあ
る」という性質があることに留意する必要がある。

⑵ 分量等・同種性

ア 分量や頻度

1回の契約の目的の分量に言及した裁判例として【25】がある。【25】は、消費者が1回の契約により健康飲料372瓶を購入し、そのうち348瓶が引き渡されていなかった事例である。その代金額は450万円、引渡未了分の消費に要すると想定される期間は約14年6か月に及ぶ。同判決は、「一度に購入する量としては過大であるといわざるを得ない」と判示し、違法性を肯定した。他方、同判決は、回数無制限の酵素風呂の利用権の販売（約4年分に相当）について、取引が過大とまではいえないとして無効性・違法性を否定している。

消費者と事業者との間に複数回にわたる継続的な契約関係がある場合、それらを通算して分量や頻度が検討される傾向にある。例えば、【1】は、31回にわたり多量の化粧品及び健康茶等が販売された事例であるところ、一連の契約を通算した分量について消費に要すると想定される期間（洗顔パウダーは短くて28年分、健康茶は8年前後分）を指摘している。また、【3】は、約1年5か月で63回にわたり合計約2750万円の着物等が販売された事例であるところ、一連の契約の期間や回数を指摘したうえで、消費者が「着物等を短期間に多数」購入したこと等について異常な購買行動であると判示した（ほかに【2（B_1ら）】【9】【21】等）。

裁判例は、契約の目的の分量等について、その分量等の多少だけでなく消費者に属する個別的な事情をも加味して評価を加

える傾向にある。健康飲料が対象となった前記【25】では消費者の年齢、着物等が対象となった前記【3】では消費者の収入、資産、生活状況等に照らした検討がされている（→「4　要素②」）。

　イ　同　種　性
　購入に係る複数の商品が同種類のものであり、重複した態様で取引がされていることを、無効性や違法性を肯定する方向に作用する要素と位置づけた裁判例として【1】【3】【11】がある。【1】（化粧品、健康茶等）及び【3】（着物等）は、当該事情等により購買行動の異常性が認められると判断した。【11】（婦人服等）は、「セーターだけでも22点など同種別の商品が多数にわたっている」等の理由から消費者にとって過剰な量・質の取引であると判断した。他方、重複した態様での取引ではないことを、違法性を否定する方向に作用する要素と位置づけた裁判例として【13（B$_2$）】がある。【13（B$_2$）】は、掛布団3点、敷布団3点、掛肌布団（ママ）3点等が販売された事例であるところ、各商品がそれぞれ用途の異なる商品であると指摘し、著しく不当な過量販売であるとまでは認め難いと判断した。
　同種の商品をすでに購入していれば一般的には購買の必要性は薄れるといえることから、同種の商品が重複した態様で取引されていることは、取引が過剰であり、購買行動に異常性があるとの評価につながり得る。しかし、同種の取引が重複しているからといって常にそのような評価が妥当とは限らない。【18】は、着物、アクセサリー、バッグ及び洋服について、「時と場

合に応じて使い分けるのが通常である」と指摘したうえで、「同じ品目を複数購入していること自体が不自然・不合理であるとはいえず、このことをもって、過量販売と解することはできない」と判示し、無効性・違法性を否定した。このような観点からすれば、同種の取引が重複しているか否かだけではなく、契約の目的の性質に照らして色違いや季節違い等の同種の取引を重複して行う合理的な理由があるかどうか（【16】）も検討する必要がある。

⑶ 代 金 額

ア 個々の契約の代金額

個々の契約の代金額を無効性や違法性を肯定する方向に作用する要素として位置づけた裁判例として【2（B_1ら）】【3】【6】【11】【15】がある。例えば、【3】では、一件当たりの代金額が100万円を超える契約が解約済みのものを含めて14件あったこと、【11】では、10万円以上の高級品が40点にも及ぶことが指摘された。

個々の契約の代金額が高額であれば、消費者の経済状況に与える影響が大きくなる。ただし、代金額が高額であるとしつつも無効性や違法性を否定する裁判例もある。【20（2回目）】は、青年男性が108万円の宝飾品を購入した事例において、消費者にとって108万円の代金が高額であり、非日常的な高価な買物であったと指摘しつつも、消費者には当該商品を購入したいという強い意思があったこと等を理由として違法性を否定した（ほかに【13（B_1・B_2）】）。

イ　一連の契約の代金総額

　一連の契約の代金総額を無効性や違法性を肯定する方向に作用する要素として位置づけた裁判例として【2（B$_1$ら）】【5】【6】【12】【19】等がある。他方、否定する方向では【2（B$_2$）】【13（B$_1$）】がある。

　裁判例は、一連の契約の代金総額について、消費者の「資産」や「収入」に関連づけて検討する傾向にある（→「4 要素②(2)」）。

　資産との関連づけとして【12】は、数千万円あったと推定される預貯金が一連の契約の終盤においてほぼ底をついた事実を認定したうえで、「これは、高齢であって、今後収入のみならず財産が増えることのほとんど考えられない〔消費者〕においては、大きな浪費ということができる」「〔消費者〕自身の強い希望や必要のない商品を大量に購入させ、その結果〔消費者〕の老後の生活に充てられるべき流動資産をほとんど使ってしまった」と指摘し、無効性を肯定した。逆に【13（B$_1$）】では、代金総額よりも預貯金総額が上回っていること等の事情から、著しく不当な過量販売であるとまでは認め難いと判断されている。

　収入との関連づけとして【5】は、他事業者を含めた取引総額が消費者の年収に照らせば異様な金額であると指摘し、事業者の執拗な勧誘により困惑した結果の取引であると判断した。

⑷ 債　　務

　消費者と事業者との間の契約について代金が後払いとされることがある。信販会社との間でクレジット契約が締結される場合や、事業者との間で代金を分割払いとする旨の合意がされる場合（自社割賦）である。このような事例においては、消費者が代金の後払いとして負担した債務の総額、月々の支払額、支払状況（遅滞の有無）が検討要素とされている。

　債務に関する事情を、無効性や違法性を肯定する方向に作用する要素として位置づけた裁判例として【4】【7（B₁）】【17】【19】【20（3回目以降）】等がある。他方、否定する方向では【7（B₂・B₃）】【13（B₁）】【18】【20（2回目）】等がある。

　代金総額と同様に本要素は消費者の収入（支払能力）と関連づけて検討される傾向にある。【20】は、青年男性が約2か月半で6回にわたり合計約300万円の宝飾品を購入した事例である。同判決は、2回目の契約については、消費者が正規社員になったことを指摘したうえで、通常の生活を送りながら完済が可能であった旨を判示して違法性を否定した。他方、3回目以降については、支払を継続することは不可能であったこと等を指摘したうえで違法性を肯定した（ほかに【4】【7】等）。

⑸ 契約の通算期間

　一連の契約の通算期間が短いことを、無効性や違法性を肯定する方向に作用する要素として位置づけた裁判例として【1】【3】【6】がある（ほかに検討要素として言及したものとして

第1章｜法規制

【21】等）。一連の契約を通算した分量、代金総額、負債に着目する際はそれらの期間の長短も考慮に入れる必要がある。

　また、一連の契約の期間における分量、品目の別、代金額、債務額等の「推移」に着目する裁判例もある。例えば、【3】は、一定時期以降における取引回数や取引金額の多さを指摘した。【21】は、各年の販売金額を認定したうえで、装飾品が取引回数に占める頻度や額が多くなっている年があることを指摘した。このような取引状況の推移は、消費者の精神状況の推移と対照されることにより、購買行動が消費者の判断能力の不足に起因するものであるのか等の判断に影響を及ぼすことがある（→「5　要素③⑵」）。

4　要素②〔消費者の状況（判断能力を除く。）〕

⑴　年齢、家庭環境

ア　年　齢

　大半の裁判例が消費者の年齢を認定している。高齢ではない事例もあるが（【5】【13（男性）】【15】【20】）、高齢者を対象とするものが多い。

　無効性や違法性を肯定するうえで、消費者の年齢に言及する裁判例が複数ある（【11】【19】【21】【25】等）。

　高齢であれば、活動量の減退により契約を締結する必要性が低下していると評価する余地がある。また、収入や資産が増える見込みが乏しいことが財産毀損の評価に影響を及ぼす場合が

ある（【12】）。

　イ　家庭環境（婚姻、同居親族等、住居）

　家庭環境を認定する裁判例としては、婚姻関係について独身
（【1】【16】）、配偶者あり（【3】【4】等）、離婚（【9】）、死別
（【2】【7】等）、同居の親族等について独居（【1】【2】等）、
同居親族等あり（【4】【6】【9】等）、住居環境について自宅
不動産の所有（共有）（【2】【4】【8】等）、賃貸（【9】【17】）
の事例がある。

　家庭環境は、契約を締結する必要性に影響を及ぼし得る。
【15】は、すでに両親及び兄を亡くし単身居住の男性が健康器
具等を購入した事例であるところ、「自らの単身生活には必要
であるとも思われない」商品が次々に販売されたと指摘した。
他方、【13】は、消費者2名と親族1名の合計3名が同居して
いた事例であるところ、家族3名全員での利用に供するものと
して健康器具等が取引された旨を指摘した。このように契約の
目的の分量等が過剰であるかどうかの評価は、使用が想定され
る消費者やその同居親族等の数も考慮する必要がある。

　また、「3　要素①⑶⑷」においては、契約代金や債務が消
費者の資産や収入と関連づけて検討されることがある旨を述べ
た。この場合における「資産」や「収入」は、消費者本人の分
のみならず、同居親族等の分を含めて検討されることがある
（【13】【22】。他方、同居親族の収入が乏しいことを指摘する【3】
等もある。）。

　さらに、事業者の勧誘の態様に関して家庭環境に言及した

【18】がある。事業者から不当な勧誘行為を受けた旨の消費者による主張について、同判決は、「〔消費者〕の夫は、熊手飾り職人として、在宅していることが多い」「〔消費者〕宅には、〔消費者〕の夫もいることから、自ら、あるいは夫に協力してもらい、〔事業者〕の訪問を拒否し、あるいはその退去を強く求めることが困難といえるまでの事情はなかった」と判示し、不当な勧誘行為を認めなかった。

　以上のほか、過失相殺の適用判断において、消費者の長男が消費者らの面倒をみるため同一敷地内の離れに居住していたことを指摘した【21】がある。

⑵　職業、収入、資産

ア　職　　業

　消費者の職業を認定する裁判例としては、無職（【9】【13】等）、主婦（【3】等）、会社員（【5】【20】）、会社役員（【2】【19】）等の事例がある。

　【20】は、消費者の判断能力に問題がないことの理由として、消費者がシステム開発に従事していたことを指摘した。また、消費者の職業や稼働状況は、消費者の判断能力や資産・収入に対する「事業者の認識」の判断に影響することがある（【2（B$_2$）】【6】）。

　以上のほか、過失相殺の適用判断において、過去に従業員として勤務した社会経験を指摘した【15】がある。

イ 収　　入

多くの裁判例が消費者の収入の有無や額に言及している（【1】、無収入とした【17】等）。同居親族等の収入を認定した事例もある（【4】【9】等）。

消費者の収入は、契約代金や債務と関連づけて検討がされ、取引が消費者の経済状況に与える影響等が判断される傾向にある（→「3　要素①(3)(4)」）。

ウ 資　　産

多くの裁判例が消費者の資産状況に言及しており、預貯金の額（【1】【2】【6】等）、不動産の保有状況（【2】【13】【14】等）を認定した事例のほかに、さほどの資産がない等の指摘をしたもの（【4】【9】【10】【20】）がある。また、事業者との間の一連の契約後に資産が減少した事実を指摘したものとして、【1】【2】【6】【12】【15】【16】【19】がある。

消費者の資産状況（目減り状況を含む）は、契約代金と関連づけて検討がされ、取引が消費者の経済状況に与える影響等が判断される傾向にある（→「3　要素①(3)」）。

なお、生活費を確保するための収益不動産について、「服飾品の販売代金について不動産の売却による支払を期待することは通常の取引道徳に反する」と指摘した【11】がある。

(3) 趣味嗜好、興味関心

契約の目的に対する消費者の趣味嗜好・興味関心を認定した裁判例としては、着物（【2】【6】【7】【18】）、健康関連商品

【13（母親）】）、天然石（【20】）の事例がある。

　【13】は、消費者（母親）の存命中の契約（B₁）について、消費者（母親）の健康関連商品に対する関心から「購入意欲が相当程度」あると指摘し、違法性を否定した。他方、母親の死後に締結された契約（B₄）について、母親とは異なり消費者（男性）の健康関連商品に対する関心が認められないとしたうえで、事業者が勧誘を受ける意思のない男性に対して強引な言辞等を用いて契約の勧誘をしたと推認できる旨を判示し、違法性を肯定した。

　このように消費者の趣味嗜好・興味関心は、消費者に購買意欲があり、自由意思により取引が行われたことをうかがわせる事情といえる。

　ただし、消費者による一定の趣味嗜好・興味関心が認定されつつも無効性や違法性が肯定された【6】【7（B₁）】のような事例があることに留意すべきである。一般的に消費者は関心等があっても常に商品を購入するとは限らず、収入や資産等に照らして自己制御をしながら購買の判断をしている。したがって、趣味嗜好・興味関心が認められる事案においても、精神症状や事業者の不当勧誘行為により消費者の自由意思が害されていないかどうかを吟味する必要がある。

　なお、【6】は、結論として違法性を肯定したが、消費者の興味関心等を理由として過失相殺を適用した。

⑷　使用機会、使用実績

　裁判例には、消費者が契約の目的を使用する機会、又はそれ

らを実際に使用した実績に言及するものがある（【1】【3】【6】等）。

　【12】は、高齢女性が合計約3600万円の呉服、貴金属、絵画等を購入した事例である。同判決は、使用実績について、「着物は2枚ほど着用した形跡があるもののその他はしつけ糸がついた状態で箱に入っていたこと、宝飾品やバッグ、絵画等も使用した形跡もなく納戸に積み上げられていた」と指摘したうえで、消費者自身の強い希望・欲求や必要性に基づく購買とは考えられないとし、無効性を肯定した（ほかに【3】【4】【11】）。

　他方、使用機会や使用実績があることを無効性や違法性を否定する方向に作用する要素として位置づけた【13（B_1・B_2）】【18】がある。

　このように使用機会や使用実績は、趣味嗜好・興味関心と同様に、消費者の自由意思により取引が行われたか否かを判断するための要素となり得る。ただし、使用実績の不存在から契約締結の必要性がなかった（購買意欲によるものではなかった）と即断することは妥当ではないと解される。消費者の自由意思に基づく浪費の結果として、第三者からみて不必要な取引がされることがあり得るからである（【12】参照）。

　なお、【15】は、結論として違法性を肯定したが、消費者の使用実績等を理由として過失相殺を適用した。

(5)　契約・事業者への対応

ア　積　極　性

【8】は、店舗に現金を持参して代金を支払い、家族に発覚

するまでおおむね順調に割賦金の支払をしていた消費者の行動
が、「着物等を購入しようとの意欲をもって〔店舗〕を訪れ、
自らの意思に基づいて本件各売買契約を締結していたことを強
く裏付ける」と判示した。また、消費者が事業者らに対して物
品の販売をしていたことに照らせば、事業者関係者の執拗な勧
誘を拒みきれなかった旨の消費者の主張が不自然であると判示
し、無効性・違法性を否定した。

　【18】は、事業者と食事をし、お土産の用意や食事を振る舞
う等のもてなしをした消費者側の行動を踏まえ、「〔事業者〕の
来訪を迷惑と考えてはいなかったことがうかがわれる」と指摘
したうえで、無効性・違法性を否定した。

　【20（2回目）】は、複数回にわたり来店して支払方法を算段
していた消費者の行動について、「購入したいという強い意思
が顕れている」と判示したうえで、違法性を否定した。

　このように消費者による「契約の締結や履行に対する積極的
な行動」や「事業者に対する好意的な態度」は、取引が消費者
の購買意欲に基づくものであったことをうかがわせる事情とい
える（ほかに【7（B_3）】【13（B_2）】、過失相殺についての【6】）。
ただし、消費者の判断能力に問題がある事例では、消費者にあ
る程度の積極性があっても結論として無効性や違法性が肯定さ
れることがある（【2（B_1ら）】【3】【12】参照）。

イ　消極性

　【6】は、双極性感情障害（いわゆる躁鬱病）に罹患した消費
者が合計約1160万円の着物等を購入した事例である。消費者

は、当初は手数料のかからない一括払いを選択していたが、その後、「目の保養にさせてもらうだけにしとくわね」と発言し、長期の分割払いを希望するようになった。同判決は、当該発言について、「絶対に商品を購入しない意思を表明しているものとまでは考えられない」としつつも、「真意に基づいて商品購入を決めているか、そのことによって〔消費者〕に不測の損害が発生するおそれがないか等について慎重を期する必要があったというべきである」と判示した。

契約締結や事業者の勧誘に対する消費者の拒絶的な態度は、取引が消費者の購買意欲に基づかないものであったことをうかがわせる。このような事情を認定した裁判例としては、「何故勧誘が続くのか」と疑問を呈した【5】、そのような高価な宝石は買えない旨をいった【9】、類似製品を購入したばかりである旨を述べて契約締結を拒んだ【13（B₄）】、高額であるため購入できないことを伝えたり、断ったりした【20（3回目以降）】があるところ、いずれも結論として無効性や違法性が肯定されている。

⑹　他の取引状況

過去にわたる事業者との取引状況に言及した裁判例として【9】がある。消費者は約10か月で9回にわたり宝飾品を購入したところ、無効性の判断対象となったのは8回目の契約であった。同判決は、判断対象の契約だけでなく、過去の取引を含む代金総額、商品の数、債務額等を理由として無効性を肯定した。

過去の浪費的行動が見当たらないことを指摘した裁判例として【2】【3】【6】【12】【15】がある。これらの裁判例は、過去の浪費的行動が見当たらないことを、購買行動の異常性や取引が判断能力の不足に起因するものであることをうかがわせる事情と位置づけている（→「5　要素③ (2)」）。

他の事業者との間における取引状況を指摘した裁判例として【12】【15】等がある。【12】【15】は、他の事業者との間において不必要な取引が存在していたことを、消費者の判断能力の不足をうかがわせる事情と位置づけている。

5　要素③〔合理的な判断をすることができない事情〕

(1)　「判断能力の不足」の要因

裁判例において認定された消費者の精神状況に関する事情は、精神遅滞（【1】【13（男性)】【15】）、認知症（【2】【10】【11】【12】【16】【21】【22】）、精神神経障害（【3】）、双極性感情障害（【6】【11】）、鬱病（【19】）、身体化障害（精神疾患の一種【13（男性)】）等がある。

また、事業者の勧誘に起因するものとして、執拗な勧誘による困惑（【5】）、代金の支払について正常な判断能力を失った状態（【20】）がある。

(2)　「判断能力の不足」の有無

【13】は、約40歳の男性について、身体化障害（精神疾患の一

種）を発症し、軽度精神遅滞と診断されたことを認定した。しかし、同判決は、身体化障害がそれ自体によって判断能力の低下を直接的に引き起こすものとは認め難いこと、精神遅滞の程度について「IQ77という数字についても、正常人と軽度精神遅滞の境界線級と位置づけられることもある」こと等を指摘したうえで、消費者による預貯金管理の状況、クーリングオフの利用等の対応、法廷における供述態度等に照らし、「本件各取引の当時、判断能力を欠いていたり、著しく不足したりしていたとまでは認め難い」と判示した。このように一定の病名等の診断結果から直ちに判断能力の不足が認められるわけではないことは、いうまでもない。

　判断能力の不足を認めた裁判例として、肝臓疾患による精神神経障害のある約60歳の女性が、約2750万円の着物等を購入した【3】がある。同判決は、肝性脳症に伴う精神神経障害の症状には記憶力や見当識の障害等があるという医学的な知見に加え、次第に消費者の病状が進行し、預かった孫を放置する等の異常行動がみられるようになった経緯を詳細に認定したうえで、「〔消費者〕の購買行動の異常性にますます拍車が掛かっており、病状の増悪との間に関連性がうかがわれることにもかんがみれば、本件全取引に見られるような〔消費者〕の異常な購買行動は、上記の日常生活における奇矯な立ち居振る舞いと同じく、肝臓疾患ないしこれによる肝不全期における肝性脳症に伴う精神神経障害に起因するものと推認するのが相当であり、上記精神神経障害が高額な着物等の購買行動の異常性という形でいわば特異的に発現していたものと考えられるところであ

る。そうすると、〔消費者〕が自己の行動を適切にコントロールすることができないまま、本件全取引という異常な購買行動に及んだものであって、その意味では、通常の消費者が備えているべき判断力、自己制御力等の精神的能力の面で正常でなかったというべきである」と判示した。

前記【3】のほか【1】【2（意思能力の判断）】【6】【15】等によれば、消費者の精神症状等の有無や程度のほかに、その発症時期や推移、取引の過剰性やその推移、契約等に関する消費者の行動の合理性、過去の浪費的行動の有無等に照らして、判断能力の不足やそれによる取引への影響（購買行動が精神症状等に起因するのか、それとも消費者の購買意欲によるものか）が判断される傾向にあるといえる。

なお、ここで検討対象とする「判断能力」は、生活状況や同種商品の既存保有数等に照らした購買の必要性、資産や収入に照らした支出の許容性等により、個々の契約を締結することの可否を合理的に判断し、その判断結果により自己を制御する能力と解される。日常的で安価な取引と、非日常的で高額な取引とでは、必要となる能力の水準が異なる。独力で来店する、勧誘を受けた商品を購入する旨の意思表示をする、代金支払の準備をする、企画された旅行に参加する等といった行動が可能であるからといって、高額な取引に関する判断能力に問題がないとは直ちに解されない（【1】【2】【3】【6】【21】等）。

(3) 認 知 症

検討対象23件のうち認知症が認定された事例は7件あり、判

断能力不足の要因として最も数多く見受けられた類型である。

　認知症には、記憶障害、見当識障害等のさまざまな症状があり、症状の程度についても軽度から重度のものまである。重度となれば記憶障害が著しく意思疎通に困難を来し、日常生活を独力で送ることが困難となるが、軽度であれば、能力の低下がみられるものの、一定の財産管理や他者との会話等が可能であり、独力による日常生活が可能なこともある。そして、軽度の認知症である場合、一見健康であり、第三者から見て認知症かどうかを判別することが容易でない場合もあるという特徴がある。したがって、認知症としてひとくくりにせず、症状の内容や程度等に照らした個別具体的な検討が必要となる。

　認知症と診断されつつも消費者が自由に形成された意思に基づいて取引をしたと判断された事例として【22】がある。70歳台の女性は、一連の契約のあとにおいてアルツハイマー型認知症との診断を受けたうえで、「自己の財産を管理・処分するには、常に援助が必要である」と判定された。しかし、その当時に実施された長谷川式認知症スケールと呼ばれる検査では24点（20点以下が一般的に認知症の疑い）、MMSEと呼ばれる検査では27点（28点以上であれば健常者、27点以下が軽度認知障害）であった。また、一連の契約の当時においては、アルツハイマー型認知症と診断されていたものの、MMSEでは29点であったうえ、「何らかの認知症を有するが、日常生活は家庭内及び社会内にほぼ自立している」と判定されていた。同判決は、このような経過等を踏まえ、「本件取引当時の〔消費者〕の判断能力は、高額な取引をするのに必要な能力としては、ある程度低下して

いたものの、自由に判断する能力も残されていたというべき」
と判示した。

　他方、判断能力の不足を認めたものとして【21】がある。同
事例は、約13年 8 か月という長期にわたり合計約6500万円の宝
飾品等が販売された事例であり、このうち審理の対象となった
ものは最後からさかのぼって約 7 年、約5600万円分の取引で
あった。70〜80歳台の男性は、一連の契約のあとに受けた認知
症の検査で中等度又はやや高度の認知機能の低下を示す数値と
され（MMSEで14点）、脳画像では萎縮がみられた。そして、ア
ルツハイマー型認知症及び脳血管障害と診断され、「自己の財
産を管理・処分することができない」と判定された。しかし、
上記検査や診断は、あくまでも一連の契約のあとのものであ
り、一連の契約が行われた当時における消費者の精神状態を直
接示すものではない。そこで、同判決は、MMSEが 1 年間当
たり3.3点〜3.4点ずつ減少するという一般的なアルツハイマー
型認知症の進行速度を踏まえ、一連の契約のあとの14点を起点
とし、それから約 3 年前の時点では認知症の疑いがあるとされ
る23点程度であった蓋然性が高いと指摘したうえで、「認知症
であったと断定できるかどうかは別として、〔消費者〕の判断
能力は、高額な取引をするのに必要な能力という観点からは、
既に相当程度低下していたものと認めるのが相当である」と判
示した。

6　要素④〔事業者の認識〕

⑴　認識を必要とする理由

　裁判例のなかには、無効性や違法性を肯定するうえでは、一定の事実関係に対する「事業者の認識（可能性）」が必要である旨を述べるものがある。

　取引が過剰であることに対する事業者の認識に言及するものとして、【21】は、「売買取引が客観的に買主にとってその生活に通常必要とされる分量を著しく超えた過大なものであったからといって、当該取引が当然に売主の買主に対する不法行為を構成するものではないから、さらに進んで、売主である被告において、本件取引が買主である原告にとってその生活に通常必要とされる分量を著しく超えた過大な取引であることを認識していたと認められるか否かについて検討する」と判示した。

　また、消費者の判断能力の不足に対する事業者の認識に言及するものとして、【12】は、（無効性を肯定する旨の評価ができるのは）「〔消費者〕が高齢であるのみならず、その財産管理の能力において明らかに減退した状態であることを知ることができた平成16年以降の取引についてのみである。それまでの時期においては、〔事業者〕において、〔消費者〕の上記状態を知ることができたと認めることはできないのであり、そのような状態を利用して本件売買に至ったということはできないからである」と判示した（ほかに【1】）。

34

第1章｜法 規 制

　無効性や違法性を肯定するうえで「事業者の認識（可能性）」
を必要とする裁判例の立場は、事業者の経済活動に対する過剰
な介入とならないよう配慮をしているものと解される。

⑵　「取引の過剰性」に対する認識

ア　契約（分量、代金総額、債務額等）

　消費者と事業者との間で複数回にわたり契約が締結された場
合、事業者は当該消費者との間の過去の契約内容（「3 要素
①」）を認識しているのが通常である（【4】【7（B_1）】【19】
【21】等）。自ら締結した過去の契約に対する事業者の認識が欠
如することを理由として無効性や違法性が否定された事例は見
当たらない。

　他方、事業者は、消費者が他の事業者との間で締結した契約
を知っているとは限らない。裁判例は、複数の事業者との間で
取引がある場合、他の事業者との間の取引を含めて一体的な検
討をするうえでは他の事業者の取引に対する認識（可能性）を
必要とする考えに立つ傾向にある。認識（可能性）を認めたも
のとして【10】【13（B_4）】がある。【13（B_4）】は、事業者の役
員が他社の従業員として他社の取引に関与していたことを理由
として、他社の取引経過に対する認識を認めた。他方、認識
（可能性）を認めなかったものとして【2（B_2）】【7（B_2・B_3）】
【13（B_4以外）】がある。

　このような裁判例の傾向は、他の事業者の取引に対する認識
（可能性）を通じて消費者がすでに過剰な取引をしていること
の認識（可能性）が認められるのであれば、さらに過剰となる

35

取引を避ける等の一定の配慮を事業者に求めたとしても、事業者の経済活動に対する過剰な介入とまではいえないとの価値判断に立っているものと推察される。

イ　消費者の状況（生活状況、資産、収入等）

「4 要素②」で述べた消費者の生活状況、資産、収入等に対する事業者の認識（可能性）を認めた裁判例としては、接客を通じた認識（【6】【9】【11】）、代金の決済状況を通じた認識（【20（3回目以降）】）、クレジット契約の手続を通じた認識（【2（B$_1$ら）】【7　（B$_1$）】【9】【17】【19】）、労使関係を通じた認識（【4】）、私生活上の密接な関係を通じた認識（【21】）の事例がある。

ウ　取引が過剰であること

上記ア・イにより取引が過剰であることに対する事業者の認識（可能性）の有無が判断される。

ところで、無効性や違法性を肯定するうえで、消費者が経済的に困窮する旨の確定的な認識までは要求しない裁判例がある。【6】は消費者が「経済的に困窮するおそれ」があることの認識により違法性を、【11】は事業者が消費者の支払能力に疑問を抱いていた旨指摘をしたうえで無効性を肯定した。そのほか事業者が消費者の資産等について確たる情報を得ていたわけではない旨を指摘した【3】【17】【19】がある。

これらの裁判例は、少なくとも事業者が消費者の支払能力に疑義を抱き、経済的に困窮するおそれがあることの認識がある

第1章｜法 規 制

場合は、支払能力に問題がないことの確認をする等の一定の配慮を事業者に求めたとしても、事業者の経済活動に対する過剰な介入とまではいえないとの価値判断に立っているものと推察される。

⑶ 「判断能力の不足」に対する認識

消費者の判断能力の不足に対する事業者の認識（可能性）を認める裁判例には、取引自体が客観的に過剰であることによる認識（可能性）や消費者に対する接客を通じた認識（可能性）を指摘するものがある（【2 （B$_1$ら）】【3】等）。そのほか、第三者による異常性の察知（【3】）、第三者からの申入れ（【6】）、私生活上の密接な関係（【21】）を指摘するものもある。無効性や違法性を肯定するうえで、判断能力の不足の要因となる疾患や知的能力の詳細までの認識は必ずしも要求されない（【1】【3】）。

裁判例には、事業者の認識（可能性）を認めるとしても、一連の取引がされた期間の全体についてではなく、一定の時点以降に限ってこれを認めるものがある。

【6】は、双極性感情障害（いわゆる躁鬱病）に罹患した消費者の事例である。同判決は、一連の契約の開始当時に事業者が消費者の精神的な病状について説明を受け、勧誘をしないことの申入れを受けた事実を認定しながらも、消費者の躁の程度が重度ではなく、軽躁状態の患者に特徴的な活動性等がむしろほかからは健康に見える兆候であること、消費者が来店して活発に行動し、契約条件を選択していたこと、経理の仕事をして特

37

段の支障なく日常生活を送ることができていたこと等を指摘し、当初の認識（可能性）を認めなかった。同判決がこれを認めたのは、客観的にみて明らかに浪費的で異常な購買行動に出ているとされる時期以降に限定されている。

【12】は、アルツハイマー型認知症と診断された高齢女性の事例である。平成13年には夫によって物忘れの多さが指摘され、平成15年には危篤状態で人工呼吸器を付けた夫の口に氷を入れ、苦しそうにしているのに看護師を呼ばない等の異常行動がみられ、平成16年には2時間前に何をしていたか思い出せない状態となって投薬治療が開始されたという経緯が認定された。同判決は、「認知症の初期で軽度の段階においては、能力低下はあっても対人的配慮は保たれ、世間話程度の日常会話はこなすことができるので、表面的には普通に見え、日常生活はほぼ自立できていることが多いと認められる」と指摘したうえで、現に消費者が平成13年当時は周囲から問題視されることもなく日常生活を営んでいたこと、平成15年の段階では息子が消費者を含めて亡夫の遺産分割協議をすることに疑問をもっていなかったことを踏まえ、「言動に一見明らかな異常を感じることは、容易でなかった」と判示し、これらの時点における事業者の認識（可能性）を認めなかった。同判決は、「遅くとも医師の診察においても2時間前のことを思い出せなくなっていた平成16年ころには、〔消費者〕とのやり取りや態度から、高齢の〔消費者〕の能力に問題があることを気づくことができたものと考えられる」と判示し、当該時点以降の契約に限定して無効性を肯定した。

38

【6】【12】のような判示からすれば、事業者の経済活動に対する過剰な介入とならないように配慮し、認識（可能性）の存否を慎重に検討しようとする裁判所の姿勢がうかがえる。

なお、判断対象となる取引全体について事業者の認識（可能性）を認めなかったものとして、アルツハイマー型認知症と診断された高齢女性の事例（【16】）がある。同判決は、アルツハイマー型認知症であっても店舗への移動や会話はできないわけではなく、事業者が認知症を気づかなかったとしても不自然とはいえない旨を判示した（ただし、終盤の取引については意思無能力により無効と判断されている。）。

7 要素⑤〔事業者の勧誘〕

消費者の「判断」をゆがめる事業者の行為が認定された裁判例として、執拗に電話をかけ続けた勧誘【5】、勧誘を受ける意思のない消費者に対する強引な言辞等を用いた勧誘【13（B$_4$）】、購入できないと述べて断っていた消費者に2時間位の勧誘や特別な減額を強調した勧誘【20（3回目以降）】等の事例がある。消費者の判断をゆがめる事業者の行為は、消費者の自由な意思が害された結果として契約が締結されたことをうかがわせる事情である。

次に、消費者に対する「情報」の提供が問題となった事例として【11】【20（3回目以降）】がある。【20（3回目以降）】は、事業者が消費者に対して「石がお経を聞いて強い力を持っているなどと虚偽を告知」し、「商品価格についての不実告知があ

るといってよいほどの説明」をしたと指摘した。また、【11】は、売買契約書等が交付されておらず、債務総額を認識させにくい掛け売り主体の販売方法が不相当であると判示した。「情報」は「判断」の前提となるものであるため、事業者による情報提供の態様等は、消費者の自由な意思が害されたか否かを判断する要素となり得る。

　なお、事業者の勧誘態様が不適切であることから常に無効性や違法性が肯定されるという関係にはない。【13（B₂）】においては、事業者が無職であった消費者（男性）に対し、クレジット契約の書類に過去の勤務先を記載するよう助言した経緯が認定されている。しかし、これによって商品購入に対する男性の意思決定が妨げられたものであるとか、契約自体の効力を否定すべき事由であるとまでは認められないとされ、結論として無効性・違法性は否定された。

　以上に対し、消費者の自由な意思の確保に配慮する事業者の対応が認定されたものとして、「見るだけで、買わなくてもいいから」と伝えた【8（紹介者）】、勧誘担当者とは別の担当者が消費者に電話し、消費者が「商品を昨晩使ってみたが大変に良かった」と回答したが、念のためカスタマーサービスの番号やクーリングオフを案内した【13（B₂）】、消費者宅への訪問に先立って必ず電話連絡をした【18】の事例がある。

40

8 判断の傾向（まとめ）

⑴ 取引が過剰であること

　本書では、契約の目的の分量等が過剰であることが問題となった裁判例を収集して分析を行った。無効性や違法性を肯定した裁判例は、着目する要素や判断の構造には差異があるものの、いずれも取引が過剰である旨を判示している。

　これらの裁判例が着目する要素は、主に、契約の目的の分量、代金額（総額）、債務額・支払額である。そして、これらの要素は、契約それ自体からうかがえる客観的な事情だけでなく、消費者の個別的な事情も加味されて評価される。

　契約の目的の分量については、数量や同種のものが重複しているか否かだけでなく、消費者の年齢、家庭環境、趣味嗜好・興味関心、使用機会・使用実績、契約への対応状況等といった個別的な事情からうかがえる消費者にとっての必要性や購入意欲も加味されて、消費者にとって過剰なものであったのか等が検討されている。

　代金額や債務額については、消費者の資産やその目減り具合、収入と対比したうえで、財産の毀損や支払能力の超過によって消費者の生活を困窮させるものであったのか等が検討されている。

　ただし、取引が過剰であることだけを理由として無効性や違法性を肯定する裁判例は見当たらない。契約の目的の分量が相

【図3】取引の過剰性

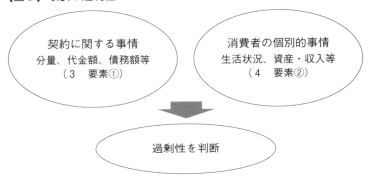

当に多く、又は高額な取引であっても、結論として無効性や違法性が否定されることがある（【8】【20（2回目）】等）。「〔消費者〕がいくら大量、多額の商品を購入しても、それが〔消費者〕の自由な意思と合理的な判断に基づくものならば〔事業者担当者〕の勧誘行為や〔事業者〕の販売行為が不法行為となることはない」と【1】によって判示されているとおり、契約自由の原則に照らせば、取引が過剰であるかどうかだけでなく、消費者の判断能力や事業者の勧誘態様等により、消費者の自由な意思が害されたのかどうかが検討されなければならない。

(2) 「判断能力の不足」が認められる事案

消費者の自由な意思に基づかずに契約が締結されたと評価でき、無効性や違法性が肯定される事案の類型は、取引が過剰であることに加えて、消費者の「判断能力の不足」が認められる場合である。

精神疾患や知的障害等により契約を締結するか否かについて

合理的な判断をすることができない事情が消費者にある場合、消費者は、購買意欲に基づかず、又は、一定の欲求に基づいたとしても自己制御ができず、客観的にみて過剰な取引（異常な購買行動）をすることがある。すでに「5 要素③ (2)」で述べたとおり、裁判例は、消費者の精神症状等の有無や程度のほかに、その発症時期や推移、取引の過剰性やその推移、契約等に関する消費者の行動の合理性、過去の浪費的行動の有無等に照らして、判断能力の不足やそれによる取引への影響を判断する傾向にある。

　しかし、過剰な取引が消費者の判断能力の不足に起因するものと認められる場合であっても、無効性や違法性を肯定するには十分ではない。裁判例は、消費者の判断能力の不足（過剰な取引が消費者の判断能力の不足に起因するものであること）に対する事業者の認識（可能性）を検討し、これが認められない場合は無効性や違法性を否定する傾向にある（【12】【16】等）。

　以上を総合すれば、消費者の「判断能力の不足」が認められる事案において無効性や違法性が肯定されるのは、おおむね、①取引が過剰であり、②①が消費者の判断能力の不足に起因し、③事業者が①及び②を認識し、又は認識し得た状態で契約を締結した場合であると整理することができる（【1】【2（B₁ら）】【3】【6】【10】【11】【12】【15】【21】を参照）。

　事業者が、消費者の判断能力の不足を認識し、又は認識し得たにもかかわらず販売活動等を行い、その結果、判断能力の不足に起因する過剰な取引をさせれば、事業者が消費者の弱点につけ込み、これを利用したと評価することができる。このよう

【図4】「判断能力の不足」が認められる事案

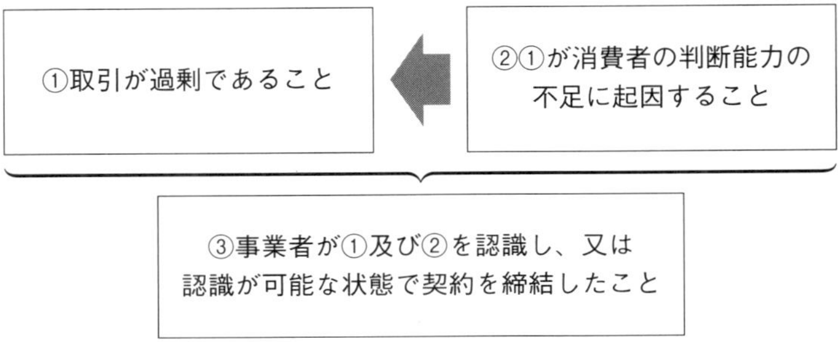

```
┌─────────────────────┐    ┌─────────────────────────┐
│ ①取引が過剰であること  │ ⇐ │ ②①が消費者の判断能力の   │
│                     │    │   不足に起因すること      │
└─────────────────────┘    └─────────────────────────┘
```

```
┌─────────────────────────────────────────┐
│ ③事業者が①及び②を認識し、又は            │
│   認識が可能な状態で契約を締結したこと     │
└─────────────────────────────────────────┘
```

な場合は、著しく不公正な方法によって行われ、消費者の自由な判断や意思決定が害された契約であるとして無効性を、社会通念上許容されない態様で消費者の利益を侵害したものとして違法性を肯定し得る。

　なお、消費者に判断能力の不足が認められる場合は、事業者による積極的で悪質な勧誘行為が認められなくても無効性や違法性が肯定されることがある（【12】【21】等）。事業者が消費者の判断能力の不足に乗じ、これを利用して契約を締結し、消費者に損失を生じさせること自体が社会通念上許容できないとの評価が可能であり、事業者の悪質で積極的な勧誘行為までは必要としないとの価値判断に立つものと推察される。

(3)　「判断能力の不足」が認められない事案

　消費者に精神疾患や知的障害等に起因する判断能力の不足があるとは認められていないものの、結論として無効性や違法性を肯定する裁判例として【4】【5】【7（B_1）】【9】【13（B_4）】【17】【19】【20（3回目以降）】【25（健康飲料）】がある。

これらの裁判例の大半は、取引が過剰であることに加え、事業者の不当な行為を認定している。【5】【9】【13（B₄）】【19】【20（3回目以降）】【25（健康飲料）】では、いずれも強引、執拗、又は積極的な勧誘が認定されている。【4】では、消費者の従順な人柄を利用し、購入を事実上強要した旨が、【7（B₁）】では、売上達成に向けた誘導が指摘されている。

　これらの肯定事例によれば、おおむね、事業者の不当な行為によって消費者の意思に反する契約が締結される結果に至った状況が読み取れる。他方で、否定事例では、契約の目的の分量が相当に多く、又は高額な取引であっても、消費者の自由な意思に基づくものであれば結論として無効性や違法性が否定されている（【8】【13（B₁・B₂）】【18】【20（2回目)】）。また、事業者に不適切な行為があっても、消費者の自由意思の阻害に至らない場合には無効性や違法性が肯定されていない（【13（B₂）】）。

　以上を総合すれば、消費者の「判断能力の不足」が認められない事案において無効性や違法性が肯定されるのは、おおむ

【図5】「判断能力の不足」が認められない事案

①取引が過剰であること	②①が消費者の自由な意思に反すること

③①及び②が事業者の不当な行為に起因すること

ね、①取引が過剰であり、②①が消費者の自由な意思に反し、③①及び②の結果が事業者による不当な勧誘行為等に起因する場合であると整理することができる。

　事業者が不当な行為により消費者の自由意思に反する契約の締結をさせれば、著しく不公正な方法によって行われ、消費者の自由な判断や意思決定が害された契約であるとして無効性を、社会通念上許容されない態様で消費者の利益を侵害したものとして違法性を肯定し得る。

　以上に対し、無効性を肯定した【17】は、支払能力の点から取引が過剰であり、事業者がそのことを認識していたことを認めている。しかし、事業者の不当な勧誘行為等は指摘されておらず、「消費者がそのような浪費的行動に出た理由（自由な意思が阻害された状況)」が判然としない。

【参考文献】
・山本敬三『公序良俗論の再構成』（有斐閣、2000年）
・司法研修所編『現代型民事紛争に関する実証的研究―現代型契約紛争(1)消費者紛争』（法曹会、2011年）
・菅富美枝『新消費者法研究―脆弱な消費者を包摂する法制度と執行体制』（成文堂、2018年）

第1章 | 法 規 制

第3 消費者契約法

1 規制の概要

　消費者契約法は、分量等が過剰な消費者契約についての申込み又は承諾の意思表示を消費者が取り消すことができる規定をおいている（同法4条4項）。以下、この取消権を「過量契約取消権」という。

　取り消された契約は初めから無効であったものとみなされ、事業者は受領済みの代金を返還する義務を負う（同法11条1項、民法121条、121条の2第1項）。

　また、過量契約取消権の対象となる契約を不特定かつ多数の消費者に対して勧誘する事業者の行為は、差止請求の対象となる（消費者契約法12条1項）。

2 規制の目的

⑴ 導入の経緯、背景

　平成27年12月に取りまとめられた「消費者契約法専門調査会報告書」によれば、「高齢化の更なる進展に伴い、高齢者の消費者被害は増加しており、その中には、加齢や認知症等により判断力が不十分な消費者が不必要な契約を締結させられたとい

47

【図6】過量契約取消権の目的

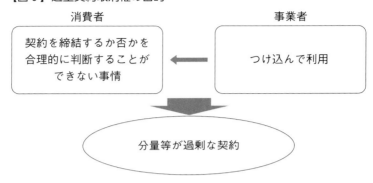

う事例もある。また、高齢者に限らず、当該契約を締結するか否かを合理的に判断することができない事情がある消費者が、事業者にその事情を利用されて、不必要な契約を締結させられたという被害は多い」と指摘されている。

このように、過量契約取消権を導入した目的は、契約を締結するか否かを合理的に判断することができない事情がある消費者が事業者からつけ込まれて不必要な契約を締結させられる消費者被害のうち、「分量等が過剰なもの」を救済することにある。

(2) 不必要な契約の「一場面」であること

消費者がその事情につけ込まれて不必要な契約を締結させられる消費者被害は、分量等が過剰な契約に限られるわけではない。無価値な１個の物品を高額で購入させられる被害も想定できる。不動産について時価を大幅に下回る安値で売却させられた被害事例もある。このように、分量等が過剰な契約は、消費

者被害が生じる不必要な契約のうちの一場面にすぎない。

　そこで、過量契約取消権の立法過程では、分量の問題に限らず、合理的な判断をすることができない事情が利用される消費者被害の「全体」を対象とする制度の創設が検討された。しかし、「消費者が合理的な判断をすることができない事情」「利用する」という概念が不明確である等の問題が指摘された。仮に、不明確な要件により契約の効力が事後的に否定される制度が導入されれば、事業者に与える影響は大きく、取引実務に混乱を招くことが懸念された。

　そこで、法規制を客観的で明確にするために、合理的な判断をすることができない事情が利用される消費者被害の全体を立法対象とすることがいったん断念され、そのうちの一場面を切り出して過量契約取消権として立法化された。なお、その他の消費者被害については引き続き立法化を検討することとされた。

【図7】不必要な契約による被害

3 要件の構造

(1) 要件の概要

　過量契約取消権の要件は、次のとおりである（消費者契約法4条4項前段）。なお、単発的な契約ではなく、複数回にわたって累積する契約の形態（同項後段）は「7　累積型契約（次々販売）」で取り扱う。

> ①　消費者契約の目的の分量等が過量（※）であること（過量性）
> ②　事業者が勧誘の際に過量性を認識し、勧誘したこと（事業者の認識・勧誘）
> ③　事業者の勧誘により消費者が契約の意思表示をしたこと（勧誘による意思表示）
> 　※　「過量」とは、契約の目的の分量等が当該消費者にとっての通常の分量等を著しく超えるものであることをいう。

　過量契約取消権は、消費者と事業者との間で締結される消費者契約に適用される（同法2条3項）。また、事業者が消費者契約の締結の勧誘を第三者に委託した場合等にも適用される（同法5条1項前段・2項）。

　会社法等により詐欺又は強迫を理由として取消しをすることができないものとされている株式もしくは出資の引受け、又は

第1章 | 法 規 制

基金の拠出についての意思表示は取消しの対象とならない（同
法7条2項）。

(2) 要件と規制目的との対応関係

過量契約取消権の目的は、契約を締結するか否かを合理的に
判断することができない事情がある消費者に事業者がつけ込ん
だことによる消費者被害を救済することにある。

しかしながら、法律の要件には、「契約を締結するか否かを
合理的に判断することができない事情がある消費者に事業者が
つけ込んだ状況」が直接盛り込まれていない。

そこで、要件には直接盛り込まれていない規制目的と、前述
の3つの要件との関連性を整理する。

【①過量性】

消費者が過量な契約を締結する必要性がないにもかか
わらずそれを締結した場合、その消費者に、その契約を締結
するか否かについて合理的な判断をすることができない事
情があることがうかがえる。

このように①の要件は、契約を締結するか否かについて
合理的な判断をすることができない事情が消費者にあるこ
とをうかがわせるものといえる。

【②事業者の認識・勧誘】【③勧誘による意思表示】

契約を締結するか否かについて合理的な判断をすること

51

ができない消費者の事情につけ込み、利用する事業者の行為を捕捉するために、事業者が過量性を認識しながら過量な契約の締結に向けた勧誘をしたことを要件としている。過量性に対する認識が要件とされているのは、契約を締結するか否かについて合理的な判断をすることができない事情が消費者にあることを事業者が知らなければ、それにつけ込み利用することができないからである。

そして、かかる不当な行為により過量な契約の締結という結果が生じたという関係性（因果関係）があれば、事業者の不当な行為による消費者被害と評価できる。

このように②及び③の要件は、事業者のつけ込み・利用行為を捕捉し、他方で、健全な事業活動を適用対象から除外するものといえる。

【図8】要件と規制目的との対応関係

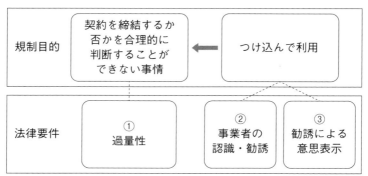

第1章 | 法 規 制

4 要件①〔過量性〕

⑴ 「何が」過量であるか

　過量契約取消権は、契約の目的となるものの「分量、回数又は期間」（分量等）が、過量であることを要件としている。契約の目的となるものは、物品、権利、役務（労務や便益）のほか、不動産や無体物（電気等）も含まれる。

　過量かどうかの対象は「分量等」であり、「性質や性能」が過剰であっても取消しの対象とはならない（消費者庁見解）。例えば、過度に高性能の電子機器１点が取引された場合、性質や性能が過剰といえたとしても分量が多いとは評価できず、取消しの対象とならない。これに対し、性質や性能の過剰も取消しの対象となり得るとする見解もある（日本弁護士連合会消費者問題対策委員会『コンメンタール消費者契約法［第２版増補版］補巻—2016年・2018年改正』125頁（商事法務、2019年））。

⑵ 「過量」とは何か

ア　当該消費者にとっての通常の分量等

　消費者契約法は、過量性について、「契約の目的となるものの分量等が当該消費者にとっての通常の分量等を著しく超えるものであること」と規定する。

　では、過量性判断の基準となる「当該消費者にとっての通常の分量等」とは、一体どのようなものであるか。

53

【図9】過量とは

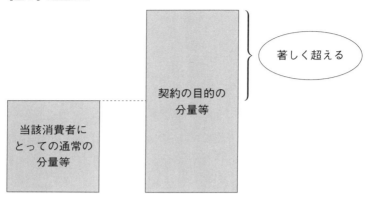

　例えば、「水のペットボトルは一人当たり○ケース」「自動車は一世帯当たり○台」というように、商品や役務の種類ごとに定量的な数値基準が定められていればルールとしては明確である。しかし、過量契約取消権は、あらかじめ定量的な数値基準が示される法制度ではない。

　消費者契約法が「当該消費者にとっての通常の分量等」と定めているように、その内容は消費者の生活状況といった個別的な事情をも含めて総合的に判断される。消費者の事情によって「当該消費者にとっての通常の分量等」が異なることから、例えば「ネックレスを10個購入した」という同一の事実関係であっても、ある消費者には過量性が認められたり、別の消費者には認められなかったりすることがある（傍点は筆者による。以下同じ。）。

イ　一般的・平均的な消費者を基準

「当該消費者にとっての通常の分量等」は、あとに述べる各要素を総合的に考慮したうえで、「一般的・平均的な消費者」を基準として、社会通念をもとに判断される。

あくまでも「一般的・平均的な消費者」を基準とすることから、消費者が「私は実は要らなかったのです」という理由により取消しをすることは認められない（14回消費者委員会消費者契約法専門調査会議事録18〜19頁）。

ウ　判断要素

消費者契約法が「当該消費者にとっての通常の分量等」を判断する要素として掲げるのは、次の3つである。

❶　契約の目的の内容

❷　取引条件

❸　消費者の生活の状況（消費者の認識）

⑶　判断要素❶【契約の目的の内容】

契約の目的である商品等の性質、性能・機能・効能、重量・大きさ、用途等が検討対象となる。

例えば、生鮮食品のように消費期限が短いものは、一度に大量に購入することになじまない。そうすると、生鮮食品は、一般的には消費者が通常必要とする量が限られるという評価となり、結果的に過量性が認められやすいといえる。

【過量性が認められやすい例】

・生鮮食品のようにすぐに消費しないと無価値になってしまうもの

・自転車のように保管場所が必要なもの

・布団のように1人の消費者が通常必要とする量が限られているもの

【過量性が認められにくい例】

・缶詰食品のように比較的長期間の保存が前提とされるもの

・金融商品のようにそれを保有すること自体を目的として購入されるもの

　ここでの判断は、「食品」「自転車」「衣服」といった商品の種類や品目だけでなく、契約の目的の個別具体的な特徴も考慮の対象となる。例えば、同じ「音楽CD」であっても、一般的な音楽CDと、アーティストとの握手券等が封入されているものは、当該消費者にとっての通常の分量等が異なる。一般的な音楽CDであれば1枚購入すれば通常は必要十分と思われるが、後者のような特徴があれば複数枚購入することも想定される。

　ア　食料品・消耗品

　食料品、化粧品等のように消費すればなくなってしまうものは、消費期限の長短、一般的・平均的な消費者による消費分量

等が考慮要素になると解される。民法の適用が問題となった事例ではあるが、【1（化粧品・健康茶）】【25（健康飲料）】の裁判例がある。

イ　衣服、宝飾品、服飾品

着物を含む衣服、宝飾品、服飾品は、ある程度の長期間使用可能であり、趣味嗜好等により同種のものを複数買い求める場合があるという特性がある（→「第2の3⑵」）。

衣服は、季節によって複数の種類が使い分けられることが一般的である。また、衣服、宝飾品、服飾品は、使用する場面（正装・ふだん着）、気分、他の衣服等との組み合わせによっても使い分けられることが想定される。

民法の適用が問題となった事例ではあるが、【18】は、着物、アクセサリー、バッグ及び洋服について、「時と場合に応じて使い分けるのが通常であるから、同じ品目を複数購入していること自体が不自然・不合理であるとはいえ」ないと判示している。また、複数の衣服等について「それぞれ、価格帯も用途も色も違う」と指摘をして特定商取引法上の過量性を否定した【23】がある。これらの裁判例は、消費者契約法上の過量性の判断においても参考となる。

ウ　役　　務

役務とは、住宅建築請負、結婚情報サービス、予備校での授業等の種々の労務や便益の提供のことをいう。

学習塾の授業であれば、対象とする学年、目的（受験対策、

義務教育の予習・復習等）、実施される時期（受験の直前期か否か等）、一般的・平均的なカリキュラム構成等が考慮要素になると解される。

(4) 判断要素❷【取引条件】

価格、代金支払時期、景品類提供の有無等が検討対象となる。

大幅な割引や稀少な景品の提供がされれば、当該消費者にとっての通常の分量等が多くなり、過量性が認められにくくなることもあると解される。

1つ100円の物品と比較すれば1つ10万円の物品の方が、一般的には当該消費者にとっての通常の分量等が少なくなり、過量性が認められやすいと解される。ただし、契約金額については、「自らの収入に不相応な金額の契約を締結したからといって、それだけで安易に過量性が認められるべきではない。本規定は、収入に見合った生活を保障するための規定ではないからである」との立案担当者の指摘がある（須藤希祥「改正消費者契約法4条4項の解釈について」NBL1086号20頁（2016年）23頁）。

(5) 判断要素❸【消費者の生活の状況（消費者の認識）】

ア 消費者の生活の状況

消費者の生活の状況は、その世帯構成人数、職業、交友関係、趣味嗜好、消費性向等の日常的な生活の状況のほか、たまたま友人や親戚が家に遊びに来るとか、お世話になった近所の知人にお礼の品を配る目的がある等の一時的な生活の状況も含

まれる。契約の目的となる商品等について、多くの分量等の給付を受ける理由となる生活の状況があれば、それに応じて、当該消費者にとっての通常の分量等が多くなるため、過量性が認められにくい。他方、そのような生活の状況がなければ、当該消費者にとっての通常の分量等が少なくなるため、過量性が認められやすい。

例えば、食料品であれば、一人暮らしと大家族とでは通常想定される消費量が異なる。また、一人暮らしの消費者であっても複数の友人を招いて会食をする予定があれば一時的に想定される消費量が多くなる。

衣服、宝飾品、服飾品については、消費者の職業、交友関係、趣味嗜好、外出の頻度等という生活の状況が当該消費者にとっての通常の分量等の判断に影響を与えると解される。例えば、衣服等の着装が仕事に必要な場合、それらを着装して社交の場に出かけることが多い場合、商品を購入し収集・鑑賞することを楽しむ趣味がある場合等は、当該消費者にとっての通常の分量等が多いといえる。逆に、一人暮らしの高齢者でめったに外出せず、収集や鑑賞の趣味もない場合はそれが少ないといえる。

【24】は、約80歳の女性が、百貨店の店舗販売等により、約７年で合計約370万円の宝飾品等16点を購入した事例であり、その一部について過量契約取消権による取消しが認められるかどうかが争点となった。同判決は、「本件商品の売買契約締結前から、〔事業者〕の外商部との取引があり、購入実績に応じて発行される〔事業者〕のＢカードの会員で、〔事業者〕にお

ける2年間の購入実績が140万円以上500万円未満の『シルバー』のランクにあった」という消費者の生活の状況を、過量性を否定する方向に作用する要素と位置づけた。

　消費者の収入、資産状況は、「生活の状況」として当該消費者にとっての通常の分量等の判断に影響を及ぼすと解される。ただし、過量契約取消権は収入に見合った生活を保障するための規定ではなく、収入に不相応な金額の契約を締結したからといってそれだけで安易に過量性が認められるべきではないとの指摘があることは、前述のとおりである（→「⑷判断要素❷」）。

　なお、「生活の状況」は、消費者が自らの意思で営む生活の状況を指している。事業者から不必要な商品を購入させられる被害に遭っていることは生活の状況に含まれないことから、そのような被害をもって当該消費者にとっての通常の分量等が多くなるという評価はできない。

　イ　消費者の認識
　消費者の生活の状況についての当該消費者の認識は、当該消費者にとっての通常の分量等の判断に影響を及ぼす。
　一人暮らしの消費者が複数の友人を招いて会食をする予定があったという事案において、実際は1か月後の予定であるのに、消費者が翌日実施されると誤解していた場合、その消費者の認識を考慮して当該消費者にとっての通常の分量等が判断される。

⑹ 「著しく超える」

過量契約取消権を行使するためには、契約の目的の分量等が当該消費者にとっての通常の分量等を単に超えるだけでなく、「著しく超える」ことが必要である。

では、「著しく超える」とは、どの程度の超過を意味するのか。

「3　要件の構造」で述べたとおり、過量性の要件は、契約を締結するか否かについて合理的な判断をすることができない事情が消費者にあることをうかがわせるものである。この構造からすれば、「著しく超える」とは、契約を締結するか否かについて合理的な判断をすることができない事情が消費者にあることをうかがわせる程度の不合理性、不自然性、異常性があることをいうと解される。

この点について、消費者庁は、立法過程において、「著しく分量を超えるとかそういった言い方をしておりますので、相当たくさん購入させているような場合を想定しておりまして、従来は暴利行為で拾ってきたような、かなりの事例を想定しております」と説明をしており、国会の審議において当該趣旨を否定するような答弁はされていない（第23回消費者委員会消費者契約法専門調査会議事録27〜28頁）。また、立案担当者は、「『著しく超える』という要件を満たすためのハードルは相応に高いものであると考えられる」と指摘する（須藤・前掲23頁）。

⑺ 同種性

ア 「同種」であることが必要か

契約の目的の分量等を数えるうえで、「同種」であることを考慮すべきか否かという問題がある。例えば、「食料品1点、トイレットペーパー1点、衣服1点」といった異なる種類の商品が取引された場合、全体で3点と数えるのか、それとも種類ごとに1点ずつと数えるのか。

この点については、契約の目的が「同種」のものである範囲で分量等を数えるべきである（消費者庁見解、第13回消費者契約に関する検討会・参考資料1の41頁）。これに反対する見解として、日本弁護士連合会消費者問題対策委員会・前掲133頁がある。

イ 「同種」の基準

次に、「同種」であるかどうかは、どのような基準で判断すべきか。

例えば、「指輪1点、ネックレス1点」を対象とする場合に、指輪とネックレスは別の部位に装着することから別々のカテゴリとして1点ずつと数えるのか、それとも「宝飾品」というより大きなカテゴリでひとくくりにして2点と数えるのか。どこまで細分化すべきであるのかが問題となる。

同種性は、「当該消費者にとっての通常の分量等」の判断と同様、画一的な基準が示されるものではない。過量性の判断対象となる分量等に合算されるべきかどうかという観点から社会

第1章 | 法 規 制

【図10】どこまで細分化させて「同種」を捉えるのか

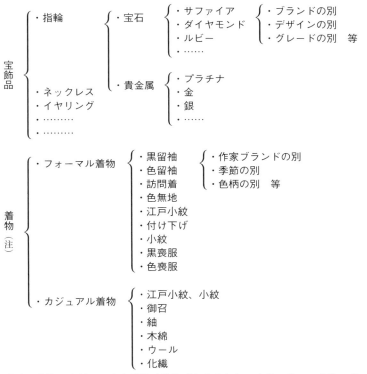

(注) 着物の分類は、大久保信子監修『伝統を知り、今様に着る 着物の事典』(池田書店、2021年) を参照した。

通念に照らして判断される。

具体的には、次の2つの観点から判断される。

> ① 契約の目的となる商品等の種類、性質、用途等に照らして、別の種類のものとして並行して給付を受けることが通常行われているかどうか

63

② 当該消費者がおかれた状況に照らして合理的に考えたときに別の種類のものとみることが適当かどうか

①の「別の種類のものとして並行して給付を受けることが通常行われているかどうか」というのは、一方があれば通常他方が要らなくなる関係かどうかである。例えば、喪服があるからといって日常生活で着用する衣服が要らなくなる関係には通常はならない。したがって、これらは同種とはいえないと考えられる（第5回消費者契約に関する検討会議事録16頁）。

②は、「消費者がおかれた状況」という消費者の個別的な事情を加味すべきであることを意味する。①で述べた「一方があれば通常他方が要らなくなる関係かどうか」は、消費者の生活の状況等によって異なる。衣服、宝飾品、服飾品であれば、これらの着装が仕事に必要な状況が消費者にあることを前提とすれば、一定の物品があるからといって別のものが要らなくなる関係にあるとは必ずしもいえない。他方、一人暮らしの高齢者でほとんど外出せず、収集や鑑賞の趣味もない状況を前提とすれば、必要最小限のものがあれば十分であり、一定の物品があれば別のものが要らなくなる関係になる可能性がある。このように、同種性判断においても消費者の個別的な事情の検討が重要となる。

なお、消費者庁は、「ネックレスとブレスレットは、いずれも身を飾るための装身具であり、具体的な種類、性質、用途等に照らしての判断とはなるものの、通常は同種であると判断されるものと考えられます」と指摘する（消費者庁ウェブサイト

「一問一答　消費者契約法の一部を改正する法律（平成28年法律第61号）平成28年10月版」14頁）。しかし、ネックレスとブレスレットは装着する部位が異なるのであるから、ネックレスがあればブレスレットが要らなくなる、又はその逆の状況になるのが通常であるとは言い難い。

　この点に関する裁判例として【24】がある。同判決は、「珊瑚ネックレス２点、マグネットリング２点、本連念珠１点、べっ甲ネックレス１点、プレゼント用のペンダント１点、ダイヤブレスレット１点」について「目的・用途が異なる商品が含まれており、これらを全て同種の物品と評価することはできない」と判示し、過量性を認めなかった。

5　要件②〔事業者の認識・勧誘〕

(1)　事業者の認識

ア　過量性の認識とは

　要件②は、「事業者が勧誘の際に過量性を認識し、勧誘したこと（事業者の認識・勧誘）」である。

　過量性を認識していたというのは、過量性の評価の基礎となる事実の認識があったことをいう。事業者が過量性の評価の基礎となる事実を認識していれば過量性の認識は認められ、評価を誤ったとしても認識は否定されない。

　事業者が過量性を認識していなかった場合、そのことに過失があったとしても取消しは認められない。また、事業者は、過

量性について調査義務まで負うものではない（消費者庁ウェブサイト・前掲一問一答8頁）。

イ　立証責任

立証責任は消費者が負う。したがって、消費者は、「過量性に対する事業者の認識」という事業者側に属する事情を立証しなければならない。

ただし、「当該消費者にとっての通常の分量等」の判断要素のうち、「契約の目的の内容」及び「取引条件」は、契約当事者である事業者が当然に認識しているはずである。

他方、「消費者の生活の状況（消費者の認識)」については、事業者が認識しているとは限らない。そこで、消費者は、消費者の個別的な事情に対する事業者の認識を主張立証する必要がある。この点については、民法で述べた箇所を参照されたい（→「第2の6（2)イ」）。

(2)　勧　　誘

ア　勧誘とは

「勧誘」とは、消費者の契約締結の意思の形成に影響を与える程度の勧め方をいう。

「○○を買いませんか」などと直接に契約の締結を勧める場合のほか、契約締結による便利さのみを強調するなど客観的にみて消費者の契約締結の意思の形成に影響を与えていると考えられる場合も含まれる。

チラシやDMのように不特定多数の消費者に向けて働きかけ

をする方法であったとしても、勧誘に該当すると評価される可能性がある（最判平成29・1・24民集71・1・1）。

イ 「過量性」に向けられた勧誘

ここでいう「勧誘」は、過量な内容の消費者契約の締結についての勧誘をいう。例えば、事業者が1着の衣服の購入に向けた勧誘として衣服を1着ずつ合計10着提示したのに対し、消費者が事業者の想定に反して10着全部を購入するとした場合、事業者が過量な内容の契約の締結を勧誘したことにはならず、取消しは認められない。

6 要件③〔勧誘による意思表示〕

要件③は、「事業者の勧誘により消費者が契約の意思表示をしたこと」である。

事業者の勧誘と消費者の契約に係る意思表示との間に因果関係が必要である。したがって、仮に過量な内容の消費者契約の締結に向けた事業者の勧誘があったとしても、消費者が勧誘を受けるか否かにかかわらず当初から契約を締結するつもりであったような場合、取消しは認められない（須藤・前掲24頁）。

7 累積型契約（次々販売）

(1) 累積型契約の取消し

　個々の契約の目的の分量等は過剰といえないものの、多数回にわたって繰り返された一連の契約を一体としてみれば、商品等が過剰に供給された消費者被害であると評価できる事例がある。

　このような事案を想定し、消費者契約法は、①新たに締結した消費者契約の目的の分量等と、②過去の同種の消費者契約の目的の分量等とを合算した分量等が、当該消費者にとっての通常の分量等を著しく超えることを要件とする取消しを認める（同法4条4項後段）。

　なお、取消しの対象となるのは新たに締結した消費者契約で

【図11】累積型契約についての取消し

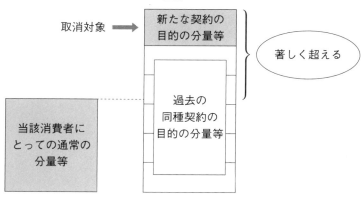

あり、過去に締結していた契約ではない。

⑵　合算の対象となる過去の契約

　合算の対象となる過去の契約は、新たに締結した契約の目的と「同種」のものを目的とする消費者契約（同種契約）である（「同種」について→「4⑺」）。

　過去の同種契約の当事者である事業者は、新たに締結した契約の当事者と同一である必要はない。

　消費者と事業者との間で締結される「消費者契約」を対象とすることから、例えば消費者が家族や知人から譲り受けた物品は対象とならない。

⑶　事業者の認識

　取消しのために必要な「事業者の認識」は、「新たに締結した消費者契約の目的の分量等」と「過去の同種の消費者契約の目的の分量等」とを合算した分量等についての過量性を対象とする。

ア　同一の事業者による過去の同種契約

　個人としての事業者については、当該事業者自身が締結した過去の同種契約の存在や内容に対する認識があることは当然である。

　法人としての事業者については、新たな契約の締結担当者と過去のそれとが別人であり、新たな担当者が過去の同種契約に対する具体的な認識を欠く場合に、法人として過去の同種契約

に対する認識が認められるのかが問題となり得る。この点については、法人は従業員を使用して活動領域を広げていることからすれば、同一の法人組織における担当者の変更という事情によって法人の認識を否定することは困難であると解される（この問題について詳細に述べるものとして、二宮照興「法人の善意・悪意の主張・立証について」判タ1227号（2007年）73頁）。

イ　他の事業者による過去の同種契約

　新たに締結する消費者契約の当事者である事業者が、自らが当事者ではない他の事業者と消費者との間で締結された過去の同種契約の存在や内容を知っているとは限らない。したがって、消費者は、「過去の同種の消費者契約の目的の分量等」を事業者が認識していたことを主張立証する必要がある。

　民法の適用が問題となった事例であるが、参考となる裁判例として【10】【13（B_4）】がある（→「第2の6(2)ア」）。

(4)　過去にさかのぼる範囲

　合算の対象となる過去の契約については、どこまで過去にさかのぼるべきか。

　この点については、「当該契約の目的となるものの消費サイクルや耐用年数、それが現存し、現に利用しているか否か等の事情をもとに、同種契約に含まれる契約の範囲を画することもあり得ると考えられる。また、仮に同種契約に含まれるとしても、上記の事情は、その目的となるものの内容、あるいは消費者の生活の状況として『通常の分量等』の考慮要素にもなるも

のと考えられる」との指摘がある（須藤・前掲23頁）。

8　当該契約の締結を必要とする特別の事情

⑴　「当該契約の締結を必要とする特別の事情」とは

　例えば、「同一の家電製品を一度に多数購入すること」は、一見すれば当該消費者にとっての通常の分量等を超える取引であるようにも思える。しかし、その消費者が、「いわゆる『爆買い』をするために訪日した外国人である」という生活の状況にあるとすれば、過量性を否定すべきである。

　「当該契約の締結を必要とする特別の事情」とは、この例のように、消費者が通常の必要量以上の購入をする特別な事情をいう（以下、本節において「特別の事情」という。）。

⑵　重要であるのに隠れている

　「特別の事情」は、過量契約取消権の要件として直接法文に盛り込まれていない。「特別の事情」は、「当該消費者にとっての通常の分量等」の判断要素である「消費者の生活の状況」として考慮される。

　しかし、立法過程においては、「特別の事情」が法規定の内容を構成する要素として位置づけられていた。すなわち、「事業者が、消費者に対して、過量契約（略）に当たること及び当該消費者に当該過量契約の締結を必要とする特別の事情がないことを知りながら、当該過量契約の締結について勧誘し、それ

によって当該過量契約を締結させたような場合に、意思表示の取消しを認める規定を新たに設けることとする」と取りまとめられていた（前記消費者契約法専門調査会報告書5頁。下線は筆者）。

このような位置づけがされた理由としては、「消費者が、過量契約の締結を必要とする特別の事情がないにもかかわらず、過量契約を締結してしまうのは、類型的に『消費者が当該契約をするかどうかを合理的に判断することができない事情』がある場合であると考えられる」と説明されていた（第24回消費者委員会消費者契約法専門調査会・資料2の2頁）。このように、「特別の事情」は、救済を図るべき消費者被害であることを捉えるための本質的な要素として位置づけられていたということができる。

「特別の事情」は、その後の法案作成の過程で過量契約取消権の要件には明示されないこととなり、「消費者の生活の状

【図12】「当該契約の締結を必要とする特別の事情」の位置づけ

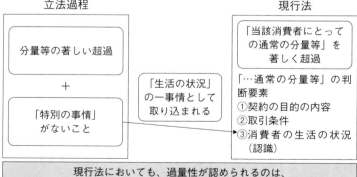

況」の一内容に取り込まれた。しかし、依然として、過量性が認められるのは、「特別の事情」がない場合をいうことには変わりがないと考えられている（須藤希祥「消費者契約法の一部を改正する法律の概説」NBL1076号4頁（2016年）7頁注7）。

「特別の事情」は、一見すれば契約の目的の分量等が当該消費者にとっての通常の分量等を超えていると思われる事案において、それでもなお過量性を認めない旨の判断を導く可能性がある重みのある要素である。

したがって、事業者の立場としては、「特別の事情」に関する事実や証拠の検討が極めて重要であるといえよう。

9　適用事例【22】の検討

⑴　【22】の判断

【22】は、過量契約取消権による取消しを認めた裁判例である。

70歳台の消費者（女性）は、店舗販売により、約3年8か月で32回にわたり合計約4800万円の宝飾品を購入した。消費者は、アルツハイマー型認知症と診断されていたものの、「何らかの認知症を有するが、日常生活は家庭内及び社会内にほぼ自立している」と判定されていた。

同判決は、無効性・違法性について、「本件取引当時の〔消費者〕の判断能力は、高額な取引をするのに必要な能力としては、ある程度低下していたものの、自由に判断する能力も残さ

れていたというべきであり」「〔消費者〕が自由に形成された意思に基づいて本件取引をしたといえる」と判示し、消費者の主張を退けた。

他方、過量契約取消権について、一連の契約の回数、代金総額、年齢、収入、個々の契約の代金額を理由として、「既に、〔消費者〕にとって通常想定される分量を著しく超えた過大な取引であったと認められる」と判示し、取消しを認めた。

(2) 判断の疑問点

過量契約取消権は、契約を締結するか否かを合理的に判断することができない事情がある消費者が事業者からつけ込まれて不必要な契約を締結させられる消費者被害のうち、分量等が過剰なものを救済する制度であり、「取引の分量の適正化を図る規定」ではない（須藤・前掲「改正消費者契約法4条4項の解釈について」23頁）。

【22】では、消費者の判断能力について、自由に判断する能力が残されていた旨が判示されている。また、「値下げ交渉をし、値下げ後の値段で購入するということもあった」「支払方法や支払回数について〔消費者〕が決めていた」等の消費者の対応が認定されているうえ、事業者が不当な勧誘行為をした経緯は認定されていない。余裕資金での取引であり、消費者が経済的に困窮するという事情も認められていない。さらに、同判決は、「〔消費者〕が自由に形成された意思に基づいて本件取引をしたといえる」とまで判示している。

このような事実関係を前提にすれば、合理的な判断をするこ

第1章 | 法 規 制

とができない事情につけ込まれた消費者被害が生じているとは言い難い。過量契約取消権の立法趣旨を踏まえれば、本規定によって救済を図るべき事案であったのかについて疑問をもたざるを得ない。なお、同判決の事件記録を閲覧したところ、第1審においては、過量契約取消権の立法趣旨に焦点を当てた審理は行われていなかった。

10　取消しの効果

　契約が取り消された場合、事業者及び消費者は、原状回復義務を負う（消費者契約法11条1項、民法121条、121条の2第1項）。
　事業者は、消費者から受領済みの代金を返還する義務を負う。
　他方、消費者は、事業者から受領済みの商品等の原物を返還するか、あるいは原物返還が不可能な場合には価値相当の金銭を返還する義務を負うのが原則である。しかし、この消費者の返還義務は、消費者が給付を受けた当時その意思表示が取り消すことができるものであることを知らなかったときは、現存利益の返還で足りる（消費者契約法6条の2）。

11　取消権の行使期間

　過量契約取消権は、追認をすることができる時から1年、又は、契約締結の時から5年の経過により時効消滅する（同法7条1項）。

「追認をすることができる時」とは、当該消費者契約を締結するか否かについて合理的な判断をすることができない事情が消滅し、かつ、取消権を有することを知った時である（消費者庁見解）。

12　差止請求権

不特定かつ多数の消費者に対する過量契約取消権による取消しの対象となる契約の勧誘行為は、適格消費者団体による差止請求の対象となる（同法12条1項）。

具体的な請求の内容としては、当該行為の停止・予防、又は、停止・予防に必要な措置がある。「必要な措置」として想定されるのは、勧誘マニュアルの廃棄等である。

【参考文献】
・消費者庁消費者制度課『逐条解説消費者契約法［第5版］』（商事法務、2023年）

第1章 | 法 規 制

第4 特定商取引法

1 規制の概要

　特定商取引法は、訪問販売・電話勧誘販売という一定の「商売の形態」による分量等が過剰な契約を解除することができる規定をおいている。以下、この解除権を「過量契約解除権」という。

　特定商取引法は、このような民事規制のほかに被害防止や取引の適正化を図るための行政規制・刑事罰を定める。

2 規制の目的

　特に高齢者に執拗な勧誘を行い、到底必要とはされないほどの多量な商品を売りつける悪質な訪問販売による消費者被害が増加していたことを受け、平成20年の特定商取引法改正により訪問販売についての過量契約解除権が導入された。さらに平成28年の法改正により適用対象が電話勧誘販売にも拡大された。

　このような消費者被害を救済する法制度として民法の公序良俗違反や不法行為という一般的な規定が存在したが、被害者の立証負担の軽減に配慮し、過量契約解除権が設けられた。

77

3 要件の構造

(1) 要件の概要

過量契約解除権の要件は、次のとおりである（特定商取引法9条の2・24条の2各1項1号）。なお、単発的な契約ではなく、複数回にわたって累積する契約の形態（同各項2号）は「7 累積型契約（次々販売)」で取り扱う。

① 訪問販売、又は、電話勧誘販売であること（取引の形態)

② 契約の目的の分量等が過量（※）であること（過量性)

③ 「当該契約の締結を必要とする特別の事情」がないこと（抗弁、消極的要件「特別の事情｣)

※ 「過量」とは、契約の目的の分量等がその日常生活において通常必要とされる分量等を著しく超えることをいう。

1つ目の要件は、「取引の形態」である。過量契約解除権は、訪問販売又は電話勧誘販売を対象として適用される。対象となる契約の目的は、(a)商品、(b)「保養のための施設又はスポーツ施設を利用する権利」等の法が指定する権利、又は、(c)役務である。

2つ目の要件は、「過量性」である。過量とは、契約の目的の分量等がその日常生活において通常必要とされる分量等を著

しく超えることをいう。

3つ目は、「消極的要件」である。「当該契約の締結を必要とする特別の事情」がある場合は、「取引の形態」「過量性」の要件を満たしても解除は認められない。

なお、営業のために又は営業として取引される場合、いわゆる社内販売、住居での取引や電話をかけることが請求された場合、御用聞き販売等には適用が除外される（同法26条）。

⑵　当事者間のバランスを図る構造

過量契約解除権は、①取引の形態要件と②過量性要件を満たせば行使が認められ、事業者の勧誘行為の態様や不当性等を主張立証する必要はない。このように外形的要件の主張立証により契約の効力を否定し得ることが過量契約解除権の大きな特徴といえる。

悪質な消費者被害の対象者には独居高齢者が多く、事業者による勧誘状況等の具体的経緯を立証することが困難な場合がある。そこで、被害者の立証負担の軽減に配慮するため、外形的要件の主張立証により被害救済を認めたものである。

他方、事業者にとっては、訪問販売・電話勧誘販売といった不意打ち的で消費者被害を生じさせるおそれのある取引を行っていることからすれば、消費者の判断能力の不足に乗じた取引等にならないよう相当の注意を払う責務があるということができ、過量な契約の効力を否定することができると考えられる（第9回産業構造審議会消費経済部会特定商取引小委員会・資料4の20頁）。

【図13】要件の構造

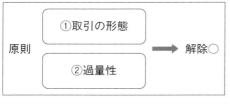

　ただし、事業者の過度な負担とならないよう、「当該契約の締結を必要とする特別の事情」の有無に配慮をしつつ取引を行い、結果としてそれを主張立証することができれば解除は認めないこととしている。

　このように①②の要件で消費者の立証負担の軽減を図りつつ、③の消極的要件を導入することで事業者の経済活動の自由にも配慮し、双方のバランスを図っている。

4　要件①〔取引の形態〕

　1つ目の要件は「取引の形態」であり、「訪問販売」「電話勧誘販売」のいずれかに該当することである。

(1) 訪問販売

ア　訪問販売とは

訪問販売には次の2つの類型が定められている。

---

① 　通常の店舗等以外の場所で行われる商品等の販売又は
　　役務の提供（特定商取引法2条1項1号）
② 　特定の方法により誘引した顧客に対する通常の店舗等
　　で行われる商品等の販売又は役務の提供（同項2号）

「通常の店舗等」に該当しない場所で行われる取引は、消費
者が望まない不意打ち的な勧誘という性質があるため、規制の
対象とされている。事業者が消費者の住宅に訪問する場面が典
型的であるが、「通常の店舗等以外の場所」は住宅に限られな
い（例えば路上や公園）。

このような規制を設けると「通常の店舗等以外の場所であれ
ば訪問販売に該当してしまうので、勧誘相手を店舗まで連れて
いって取引をする」という脱法的な手段が用いられる。そこ
で、次に、通常の店舗等における取引であっても、「特定の方
法により誘引した顧客」との取引が規制の対象とされている。

ただし、通常の店舗等以外の場所で契約が締結されていて
も、顧客（特定の方法により誘引した顧客を除く。）による申込
みが通常の店舗等において行われた場合は、過量契約解除権の
対象とはならない（同法9条1項）。例えば、顧客が事業者の店
舗を訪れて申込書を作成し、後日、事業者が顧客の自宅を訪問

【図14】訪問販売の類型

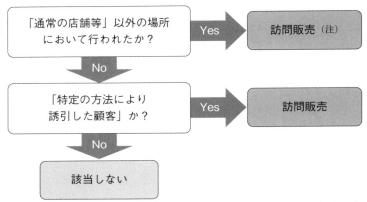

(注) 通常の店舗等以外の場所で契約が締結されていても、顧客（特定の方法により誘引した顧客を除く。）による申込みが通常の店舗等において行われた場合は、過量契約解除権の対象外。

して注文請書を交付するような事案が該当する。このような場合は顧客の意思形成に不意打ち的な要素がないことから、解除の対象からは除外されている。

イ 通常の店舗等以外の場所

訪問販売の1つ目の類型は、「通常の店舗等以外の場所」で行われる取引である。

「通常の店舗等」は、次のとおり定められている（同法施行規則1条）。このうち実務上問題になりやすいのは(d)である。

- (a) 営業所
- (b) 代理店
- (c) 露店、屋台店その他これらに類する店

> (d) 一定の期間にわたり、商品を陳列し、当該商品を販売
> する場所であって、店舗に類するもの
>
> (e) 自動販売機その他の設備であって、当該設備により取
> 引が行われるものが設置されている場所

(a) 営業所

事業者の本店や支店に限らず、広く営業が行われる場所を含む。一般的な常設の店舗は「営業所」に該当する。

> 【A社の事例】
>
> 着物や宝飾品の販売を業としているA社は、ショッピングモールに常設の店舗を構え、来客に商品を販売する営業をしている。

A社がショッピングモールに常設している店舗は「営業所」に該当する。したがって、その店舗は、「通常の店舗等以外の場所」には該当しない。そこでの取引は、「特定の方法により誘引した顧客」との間のものを除き、訪問販売には該当しない。

(b) 代理店

代理商の営業所のことをいう。代理商とは、他の商人（会社等）の使用人ではないが、その商人のために営業活動を補助する者である。

(c) 露店、屋台店その他これらに類する店

「露店」とは、路傍等で屋根を設けることなく物品を陳列し

て販売を行うもの等、「屋台」とは、持ち運ぶように作った屋根のある台に物品を陳列して販売を行うもの等である。

　そのほかには、バスやトラックに物品を陳列し、消費者が自由に商品を選択できる状態で販売を行うもの等、外見上何を販売しているかが明確なものがこれに該当する。

⒟　一定の期間にわたり、商品を陳列し、当該商品を販売する場所であって、店舗に類するもの

【A社の事例（続き）】

　A社は常設の店舗での営業だけでなく、年に数回、臨時的に、数日間ホテルの宴会場を借りて、そこに特設の販売会場を設営して展示販売会を行っている。

　A社が行っているような臨時的で短期間実施される展示販売会は、常設の店舗ではなく「営業所」には該当しない。このような場合は、「一定の期間にわたり、商品を陳列し、当該商品を販売する場所であって、店舗に類するもの」に該当するかどうかが問題となる。実務上、訪問販売に該当するかどうかをめぐって争いになりやすい要件である。

　「一定の期間にわたり、商品を陳列し、当該商品を販売する場所であって、店舗に類するもの」とは、通常は最低2、3日以上にわたり、商品が陳列され消費者が自由に商品を選択できる状態になっており、店舗に類似する販売のための施設を有している場所（公共施設、ホテル、体育館等）をいう。

　このような要件に照らせば、ホテルの宴会場において2、3

日以上にわたって商品を陳列するような展示販売会であれば、形式的には要件を満たすものといえる。しかし、形式的に要件を満たしている場合であっても、次に述べるような手法等により、消費者が自由意思で契約締結を断ることが客観的にみて困難な状況のもとで販売が行われているときには、消費者が自由に商品を選択できる状態にあるとはいえず、「一定の期間にわたり、商品を陳列し、当該商品を販売する場所であって、店舗に類するもの」に該当しない。

・販売員が消費者を取り囲んだり、消費者に強引に商品を使用させたり、あるいはその一部を消費させたりして勧誘すること
・高額商品等の特定の商品についてのみ繰り返し勧誘するなど、陳列された商品を自由に選ばせることなく勧誘すること
・勧誘に際して、消費者の履物を隠すことなどによりその場からの消費者の退出を妨げること
・販売員が車等で住居に消費者を迎えにいき展示会場に同行し、食事を無料で提供するなどして、消費者が自由に商品を選択できない状況におくこと

　訪問販売の該当性が肯定された事例として、販売員が車で顧客を迎えにいって展示販売会場まで同行し、ホテルのレストラン等で食事を無料で提供し、会場内で展示品を見せ（「販売側のサービスを受けずに自由に商品を選べる状況にある場合とは異な

る」）、クレジット契約の利用により商品を販売し、その後自宅まで送り届けたという事実を認定したうえで、顧客が自由に商品を選択できる状態ではなかったと判断した東京地判平成20・3・28（判タ1276・323）がある。

　他方、訪問販売の該当性が否定された事例として次のものがある。

○着物を好み着付教室に通っていた顧客が、着物の展示販売会場を訪れ、商品を見てまわり、気に入った反物を手に取って「こういうのが欲しかったのよ」などといったうえで、購入に至った事例（東京地判平成29・9・7［2017WLJPCA09078007］）

○販売員が顧客を迎えにいってタクシーで展示販売会場まで同行し、顧客が会場でシャンパンがぬるいといって取り替えさせ、宝飾品を試着し「いいね。いいね」などといって購入した事例（東京地判平成23・9・2［2011WLJPCA09028001］）

○顧客が自分の判断で会場に赴き、多数の来場客がいる展示場で商品を比較して検討したうえで購入した事例（【14】）

(e)　**自動販売機その他の設備であって、当該設備により取引が行われるものが設置されている場所**

　例えば、自動販売機、郵便ポスト、コインロッカー等である。

　ウ　**特定の方法により誘引した顧客**

【A社の事例（続き）】
　A社は、ショッピングモールに構えている常設の店舗に

第1章 | 法 規 制

> おいて、定期的に特別販売会を実施している。その際、Ａ
> 社の販売員は、店先で呼び込みをしたり、特別販売会を告
> 知するDMを送付したりするなどして、顧客の来店を促し
> ている。

　Ａ社が特別販売会を行っているのは常設の店舗であることか
ら、「通常の店舗等以外の場所」には該当せず、１つ目の類型
としての訪問販売には該当しない。しかし、このような場合で
あっても、「特定の方法により誘引した顧客」との間の取引
は、２つ目の類型としての訪問販売に該当する可能性がある。

　「特定の方法」とは、次の３つの方法である。

(a)　キャッチセールス

　通常の店舗等以外の場所で呼び止めて、通常の店舗等まで同
行させる方法である（同法２条１項２号）。駅や街頭における通
常のチラシ配布による誘引は対象とならない。

　「呼び止め」とは、呼びかけることにより、その注意を向け
させる行為を意味する。注意を向けさせれば足りることから、
その場に停止させる必要はなく、歩行者に併歩しながら話しか
ける行為も含まれる。

　「同行させる」とは、呼び止めた地点から目的地までの相当
程度の距離を案内していくことを意味する。店舗の前で行う通
常の呼び込みはこれに該当しない。

　この要件が問題となった事例としては、店舗入口から5m程
度離れた位置にある歩道上において声をかけた東京地判平成
29・3・29（2017WLJPCA03298036）がある。同判決は、「法２条

87

1項2号がこの場合に法の適用を認めた趣旨は、販売業者の働きかけ等によって顧客がその自由な意思によって当該営業所等に赴くか否かを決定することが阻害されるような客観的状況において営業所等に赴いた場合をも法の適用対象とする趣旨であると解され、呼び止めた従業員等が顧客と一緒に移動した距離がたとえ数m程度にすぎない場合であっても、その営業所等まで向かわせる経緯が、顧客がその自由な意思によって当該営業所等に赴くか否かを決定することが阻害されるような客観的状況であった場合は、『同行させた』ものと認めるのが相当である」「Bは、本件店舗入口正面5m程度離れた位置にある歩道上において被控訴人に声をかけ、被控訴人がこれを少なくとも二度断ったにもかかわらず、熱心に勧誘を続け、結果本件店舗1階の受付に被控訴人を誘導したものであるから、Bは、被控訴人とともに5m程度の距離を移動したものであり、かつ、その勧誘態様からして、被控訴人においてその自由な意思によって当該営業所等に赴くか否かを決定することが阻害されるような客観的状況のもとで本件店舗1階に赴いたものと認められるものであって、よってBが『同行させた』ものと認めるのが相当である」と判示し、訪問販売に該当すると結論づけた。

(b)　販売目的秘匿型

　一定の手段により、契約の締結について勧誘をするためのものであることを告げずに特定の場所への来訪を要請する方法である（同法施行令1条1号）。

　「○○を取りにきてください」と別の用事を告げる手口がこれに該当する。

第1章 ｜ 法 規 制

　また、商品等の販売目的を告げる場合であっても、勧誘を予定する商品等とは異なる商品等についての販売目的を告げて呼び出す場合がこれに該当し得る（大阪地判平成18・6・29消費者法ニュース69・185）。他方で、勧誘の意図を告げたと評価されるために、常に取引対象の商品等を具体的に告げることが必要であるとは解されない。【9】は、月に1回以上来店し、過去に複数回の取引実績があった顧客に対し、事業者が電話で「いい宝石があるから見に来て」と述べて来訪を要請したものの、電話では顧客が購入したダイヤのネックレスを勧誘する意図までは告げられていなかったという事例である。同判決は、過去の来店経緯、顧客が事業者の取扱商品の範囲や取引条件を把握していたこと、来店すれば勧誘を受けるであろうことを顧客が認識していたことを理由として、不意打ち性が存在しないと判断し、訪問販売の該当性を否定した。

　事業者が「見るだけでいいから」などと販売意図を否定する発言をしつつ来訪を要請した場合、勧誘する意図を告げなかったと評価される可能性がある。また、パンフレットやチラシに販売目的が記載されていたとしても、それが消費者の目に留まらないような小さい文字である場合も同様である。

　来訪を要請する手段は、電話、郵便、信書便、電報、ファクシミリ、電磁的方法（ショート・メッセージ・サービス、電子メール、ソーシャル・ネットワーキング・サービスのメッセージ機能等）、ビラ・パンフレットの配布、拡声器で住居の外から呼びかけること、住居を訪問することが規定されている。

89

(c) **有利条件販売告知型**

　一定の手段により、他の者に比べて著しく有利な条件で契約を締結することができる旨を告げて特定の場所への来訪を要請する方法である（同法施行令1条2号）。ただし、既存の得意客への誘引には適用されない。

　「あなたは特に選ばれたので非常に安く買える」といったセールストークを用いる場合がこれに該当する。通常では入手できない商品を特別に販売する旨のセールストークについて訪問販売の該当性を肯定した東京地判平成27・10・6（2015WLJPCA10068004）がある。

　来訪を要請する手段は、販売目的秘匿型で規定されている方法から、ビラ・パンフレットの配布と拡声器で住居の外から呼びかけることを除外したものが規定されている。

(2) **電話勧誘販売**

　電話において行われる事業者の勧誘により顧客が郵便等で契約締結の意思表示を行う類型の取引である（同法2条3項）。

　ア　**電話とは**

　「電話」には、インターネット回線を使って通話する形式も含まれ、映像を伴う会議システムも該当する。また、録音音声や人工音声によるものも含まれる。

　イ　**電話をかけさせる方法**

　電話での通話に至る過程としては、①事業者が顧客に対して

第1章 | 法 規 制

電話をかけることのほか、②一定の方法により顧客に電話をかけさせることも規定されている。

電話をかけさせる方法として規定されているのは、次の2つである。

(a) 販売目的秘匿型

一定の手段により、契約の締結について勧誘をするためのものであることを告げずに電話をかけることを要請する方法である（同法施行令2条1号）。

勧誘の意図を告げずに「至急下記へ電話ください」等の文言を用いる場合がこれに該当する。

電話をかけさせる手段は、電話、郵便、信書便、電報、ファクシミリ、電磁的方法、ビラ・パンフレットの配布、新聞・雑誌その他の刊行物への広告掲載、ラジオ放送、テレビ放送、ウェブページ等が規定されている。

(b) 有利条件販売告知型

一定の手段により、他の者に比べて著しく有利な条件で契約を締結することができる旨を告げて電話をかけることを要請する方法である（同法施行令2条2号）。ただし、既存の得意客への誘引には適用されない。

「あなたは抽選に当選されたので非常に安く買えます」といったセールストークを用いる場合がこれに該当する。

電話をかけさせる手段は、電話、郵便、信書便、電報、ファクシミリ、電磁的方法が規定されている。

ウ　勧誘による取引

電話勧誘販売は、事業者の勧誘によって顧客が郵便等で契約締結の意思表示をしたことが要件とされている。

事業者が電話で商品の購入を勧誘し、購入者がすぐに購入を決断して申込みをする場合は、事業者の勧誘による取引であるといえる。他方、事業者による最後の電話から1か月以上の長期間が経過してから取引がされた場合、事業者の勧誘による取引とはいえない場合が多いと考えられる。

エ　取引の方法

「郵便等」とは、郵便（封書、はがき、現金書留等）、信書便、電話機・ファクシミリ装置その他の通信機器、パソコン・携帯電話・スマートフォン等の情報処理の用に供する機器、電報、預貯金口座への払込みをいう（同法施行規則2条）。

5　要件②〔過量性〕

(1)　過量性の判断基準

2つ目の要件は、「過量性」であり、契約の目的の分量等が、その日常生活において通常必要とされる分量等を著しく超えることをいう。商品や権利の販売の場合は分量、役務の提供の場合は回数、期間又は分量が、それぞれ過量であるか否かの判断の対象となる。

過量契約取消権と同様、過量契約解除権は、過量性について

【図15】法規定の構造の違い

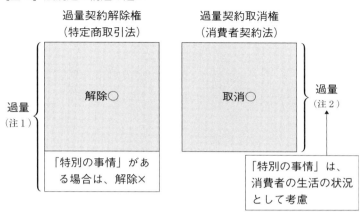

（注１） その日常生活において通常必要とされる分量等を著しく超える。
（注２） 当該消費者にとっての通常の分量等を著しく超える。

あらかじめ定量的な数値基準が示される法制度ではない。

過量であるか否かは、商品等の性質、機能や顧客の世帯構成、人数等の事情を勘案し、個別の事案ごとに判断される。また、「著しく超える」については、「多少購入し過ぎたという程度ではなく、日常生活において、一般の方であればまれにしか購入しないような分量の場合が該当する」と説明されている（第169回国会衆議院会議録第29号 3 頁）。

過量契約解除権と過量契約取消権は、いずれも過量性という類似した要件を設定している。異なる法律である以上、厳密には同一のものとはいえないものの、結果として過量性が認められる範囲には大差がないと指摘されている（第190回国会衆議院消費者問題に関する特別委員会議録第 4 号 4 頁）。ただし、図15のような法規定の構造の違いには留意が必要である。

特定商取引法上の過量性について判断した裁判例としては次のものがあり、いずれも過量性が否定されている。

○　名古屋高判令4・10・5（2022WLJPCA10056004）、第１審：名古屋地半田支判令4・3・29（2022WLJPCA03296017）（過量契約解除権の対象となる契約に係るクレジット契約についての割賦販売法に基づく解除）

40歳台の会社員が、学習教材販売業者の訪問販売により、小学６年生の子を対象とする３種類の学習教材３年分等を合計82万円でクレジット契約を利用して購入した事例。同判決は、一定の先取りをして学習することも想定される学習教材の性質、商品が３種類であり１種類は教科が絞られていたこと、中学進学を控えた子のためのものであり中学が義務教育であることを指摘し、過量性を否定した。

○　【23】

インターネットオークションにより、10日間で合計約175万円の衣服等（34点）が販売された事例（判断対象は、電話がされた後のアウター３点・バッグ１点に係る契約）。同判決は、過去の購入商品を考慮に入れるとしても、価格帯、用途、色が異なると指摘し、過量性を否定した。

⑵　公益社団法人日本訪問販売協会のガイドライン

公益社団法人日本訪問販売協会は、平成21年、「『通常、過量には当たらないと考えられる分量の目安』について」とのガイドラインを取りまとめた（http://jdsa.or.jp/wp-content/uploads/2015/03/quantity-guideline.pdf）。

このガイドラインで示されている「通常、過量には当たらないと考えられる分量の目安」は、次のとおりである。

商品・役務	商品・役務の内容等（販売単位等は代表的な売り方として考えられるもの）	通常、過量には当たらないと考えられる分量の目安（この目安を超えた販売分量が直ちに過量に該当するものと考えるのではない）
健康食品	保健機能食品を含む健康食品全般	原則、1人が使用する量として1年間に10か月分。
下着	体型補整下着（セットで装着し主に体型を補整する機能をうたうもの）でブラジャー、ウエストニッパー、ボディスーツ、ガードル等4枚程度を組み合わせたセット	原則、1人が使用する量として1年間に2セット。
着物	着物・帯が基本。これに襦袢、羽織、草履等を組み合わせたものも含む	原則、1人が使用する量として1セット。
アクセサリー	ネックレス、指輪、ブレスレット等の宝飾品全般（雑貨は除く。）	原則、1人が使用する量として1個。
寝具	掛布団・敷布団が基本。これに枕、シーツ、毛布等を組み合わせたものも含む	原則、1人が使用する量として1組。
浄水器		原則、1世帯について1台。
健康機器	家庭用医療機器を含む健康機器全般	原則、1世帯について1台。
化粧品	化粧水、乳液、クリーム等のフェイシャルスキンケア商品	原則、1人が使用する量として1年間に10個。

学習教材	小・中・高の学習教材	原則、1人が使用する量として1年間に1学年分。
住宅リフォーム	屋根や外壁等の住宅リフォーム全般	原則、築年数10年以上の住宅1戸につき1工事。

　ここで示されている分量は過量には当たらないと考えられる分量の目安であって、過量に当たるか否かの境界線の基準を示すものではない。

　同ガイドライン自身も、「ここでいう目安とは、まさに、通常、過量には当たらないと考えられる分量の目安となるものである。したがって、この目安を超えた販売分量が直ちに過量に該当するものと考えるのではなく、また反対にこの目安の分量であれば過量に該当しないと断定できるものでもない。冒頭、述べたように過量販売の事案はあくまでも個別事案ごとに判断されるものであるという大前提にたつものである」としている。

　同ガイドラインで示された目安を超える取引について過量性が否定された事例として、学習教材についての前掲名古屋高判令4・10・5（2022WLJPCA10056004）がある。同判決は、同ガイドラインについて「目安にすぎないものであって、1人につき1年分を超えれば、即座に過量であるということはできない」と判示した。

6　消極的要件③〔特別の事情〕

　顧客に「当該契約の締結を必要とする特別の事情」がある場

合は、「取引の形態」「過量性」の要件を満たしても解除は認められない。

「当該契約の締結を必要とする特別の事情」とは、顧客の「家族構成、職業、趣味あるいは例外的な出来事などにより、その商品等を多数使用する必要がある場合などの事情」と説明されている（後藤巻則ほか『条解消費者三法［第 2 版］』527頁〔齋藤雅弘〕（弘文堂、2021年））。

具体例としては、親戚に配る目的や一時的に居宅における生活者の人数が増える事情等がある。

7　累積型契約（次々販売）

(1)　累積型契約の解除

特定商取引法には、次のとおり過去の取引実績等を対象とする分量等に過量性がある場合に解除を認める規定がおかれている（同法 9 条の 2 ・24条の 2 各 1 項 2 号）。

> ①　「新たな契約の目的の分量等」と「過去の同種の目的の分量等」を合算した分量等が顧客にとって過量となること
> ②　新たな契約の目的と同種の目的の分量等が、すでに顧客にとって過量であること

いずれの類型についても、解除の対象となるのは新たな契約

【図16】累積型契約についての解除

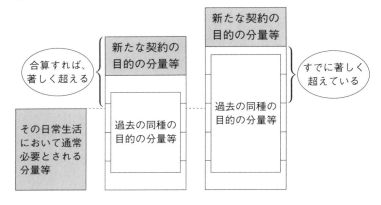

であり、過去のものではない。

また、過量性判断の対象となる「過去の同種の目的の分量等」は、過量契約取消権のように「消費者契約」によるものに限定されていない。顧客が家族や知人から同種の物品を譲り受けていたという場合も対象となる。

「同種」については、「第3の4(7)」を参照されたい。

(2) **事業者の認識**

顧客の商品等の保有状況を事業者が把握できるとは限らない。したがって、新たな契約の申込み又は締結時において事業者が「過量となること」又は「過量であること」を知っていたことが解除の要件とされている。

同種の商品等の保有状況が、新たな契約の当事者である事業者自身の取引によるものであれば、その保有状況に対する認識が認められないことは通常想定しにくい。他方で、その保有状

況が、新たな契約の当事者である事業者との取引以外の経路によるものである場合（他の事業者との取引や、友人・知人からの譲り受け等）、顧客は、事業者が当該保有状況を認識していたことを主張立証する必要がある（→「第3の7(3)」）。

事業者の認識が認められなかった事例として千葉地判令3・2・15（消費者法ニュースウェブサイト〈https://clnn.org/archives/hanrei/2496〉）がある。

(3)　過去にさかのぼる範囲

過量契約取消権における記述を参照されたい（→「第3の7(4)」）。

8　解除の効果

顧客が契約締結前に申込みを撤回した場合、契約は成立しない。

顧客が契約締結後に契約を解除した場合、顧客は契約の拘束力から解放され、事業者からの代金請求を拒絶することができる。また、事業者は、受領済みの金銭を返還する義務を負う（民法545条1項本文、特定商取引法9条の2・24条の2各3項、9条・24条各6項）。

事業者は、すでに引き渡された商品の使用等によって顧客が受けた利益に相当する金銭、すでに提供済みの役務の対価等の金銭の支払を請求することができない（特定商取引法9条・24条各5項）。

顧客が商品や権利を返還する場合、それに要する費用は事業者の負担となる（同各条4項）。

　事業者は、撤回・解除に伴う損害賠償や違約金の請求ができない（同各条3項）。他方、顧客の側からの損害賠償請求は妨げられない。

　住宅リフォーム工事等に伴って顧客の土地、建物その他の工作物の現状が変更された場合、顧客は事業者に対して無償で原状回復をするよう請求できる（同各条7項）。

　以上に反して顧客に不利な特約は無効とされる（同各条8項）。

9　解除権の行使期間

　過量契約解除権は、契約の締結の時から1年以内に行使しなければならない（除斥期間。同法9条の2・24条の2各2項）。

10　個別クレジット契約

　過量契約解除権の対象となる訪問販売又は電話勧誘販売による過量な契約に個別クレジットが利用された場合、顧客は、個別クレジット契約を撤回・解除することができる（割賦販売法35条の3の12）。ただし、「当該契約の締結を必要とする特別の事情」があるときは解除等は認められない。

　解除された場合は金銭の授受関係が巻き戻される（同条3項〜6項）。

　なお、この解除が認められなかった裁判例として、前掲名古

第1章 ｜ 法 規 制

屋高判令4・10・5（2022WLJPCA10056004）がある。

11　行政規制と刑事罰

(1)　規制の概要

ア　行政処分

　正当な理由がないのに、訪問販売・電話勧誘販売による過量な契約の締結を勧誘する事業者の行為は、行政処分の対象となる。単発型だけでなく累積型の契約も対象となる。

　取引の公正及び顧客の利益が害されるおそれがあると認められるときは、事業者の行為の是正のための措置、顧客の利益の保護を図るための措置その他の必要な措置を取るべきことの指示の対象となる（特定商取引法7条・22条各1項4号、同法施行規則17条・63条）。

　また、取引の公正及び顧客の利益が著しく害されるおそれがあると認められるとき、又は事業者が前記の指示に従わないときは、2年以内の業務停止命令の対象となる（同法8条・23条各1項前段）。さらに、この業務停止命令が行われるときは、実効性を確保するために、事業者に対する業務の禁止、関連法人での業務の停止、事業者の役員・使用人に対する業務の禁止等の命令の対象となる（同法8条・23条各1項後段、各2項、8条の2・23条の2各1項・2項）。

　指示、命令がされた場合は、その旨が公表される（同法7条・22条の2各2項、8条・8条の2・23条・23条の2各3項）。

101

イ　刑　事　罰

指示違反は、6月以下の懲役又は100万円以下の罰金（併科あり）の対象となる（同法71条2号）。

命令違反は、3年以下の懲役又は300万円以下の罰金（併科あり）の対象となる（同法70条3号）。

(2)　住宅リフォームについての定量的基準

ア　通達について

消費者庁は、令和4年6月、「訪問販売又は電話勧誘販売における住宅リフォーム工事の役務提供に係る過量販売規制に関する考え方」を発出した（https://www.no-trouble.caa.go.jp/pdf/20230421la02_06.pdf）。

特定商取引法上の過量性の要件は、定量的な基準により画一的に判断されるものではなく、個別の事案ごとに判断される。住宅リフォームであれば、建物の構造、築年数、使用目的・使用状況、不具合の有無や内容、自然災害による被害の有無、バリアフリー化の必要性等の個別の事情により、工事を実施する必要性には相当の差が生じると思われる。

しかし、規制の運用の透明性、事業者の予見可能性の確保、消費者被害の未然防止といった要請もあることから、本通達においては一定の定量的な基準が示されている。ただし、実際の適用判断については個別の事案ごとの判断とされている。

イ　定量的基準

本通達は、過量性を満たす考え方として、①期間について

「1年間」、②分量等について「同一住宅のうち三つ以上の不使用部位」の工事という定量的な数値を提示している。「不使用部位」とは、消費者が日常生活において通常直接的に使用しない部位であり、代表的な例として、床下、屋根、小屋裏、基礎、外壁等がある。

　本通達によれば、事業者の次のような勧誘について通常は過量性を満たすと考えられることになる。

・同一の住宅において、3つの不使用部位の工事契約を勧誘する事案（単発型）
・勧誘から1年以内に同一の住宅において、2つの不使用部位の工事が施工されており、さらに1つの不使用部位の工事契約を勧誘する事案（累積型、新たな工事と過去の工事を合算して過量性を満たす）
・勧誘から1年以内に同一の住宅において、3つの不使用部位の工事が施工されており、さらに1つの不使用部位の工事契約を勧誘する事案（累積型、すでに過量性を満たしている）

　上記の定量的基準を満たさない場合であっても、さまざまな状況を考慮して過量性を満たすと判断される場合があり得るとされている。

　なお、累積型契約については、別途過去の工事内容に対する事業者の認識が要求される。

ウ　正当な理由

　上記の基準を満たした場合であっても、正当な理由がある工事契約の勧誘については行政処分の対象とはならない。

　本通達は、正当な理由の例として、「自然災害の発生その他勧誘前に行われた工事の時点では予期できない事情により新たに工事の必要性が別途生じた場合や、過去に行われた工事に不備があり、住宅の維持のためには改めて同一不使用部位について工事を行う必要性が認められる場合」をあげている。また、「自然災害の発生等により家全体の補修が必要となる場合やまとめて複数箇所を工事することが効率的な場合も考えられることから、個別事案における工事の客観的必要性等正当な理由なし要件該当性を慎重に判断する必要がある」と指摘している。

　本通達は、事業者の対応に関し、「このような正当な理由なし要件を判断するためには、施工前と施工後の工事部位を撮影した写真や動画や消費者の勧誘時のやり取りを記録した資料が、最も端的な裏付けの手段となると考えられる」「5年程度当該写真等正当な理由を裏付けるための資料を保存しておくことが望まれる」と示唆している。

⑶　行政処分がされた事例

　過量販売に関する行政処分の事例としては、次のものがある。

①　平成30年 5 月24日（大阪市）、ダイビング講習
　https://www.pref.osaka.lg.jp/shouhi/syobun/kaisho.
　html

② 平成30年12月26日（静岡県）、学習教材

https://www.pref.shizuoka.jp/kurashikankyo/
shohiseikatsu/futohyoji/1002423/1012980.html

③ 令和元年12月17日（消費者庁）、住宅リフォーム工事等

https://www.caa.go.jp/notice/assets/consumer_
transaction_cms203_191218_01.pdf

④ 令和元年12月17日（鹿児島県）、業務用消火器

https://www.pref.kagoshima.jp/ab11/06tokusyouhou.
html

⑤ 令和2年3月23日（消費者庁）、住宅リフォーム工事等

https://www.caa.go.jp/notice/assets/consumer_
transaction_cms203_200324_01.pdf

⑥ 令和2年12月8日（広島県）、排水管洗浄・床下防腐処理

https://www.pref.hiroshima.lg.jp/uploaded/life/
864875_8091446_misc.pdf

【参考文献】
・消費者庁取引対策課＝経済産業省商務・サービスグループ消費経済企画室編『令和3年版 特定商取引に関する法律の解説』（商事法務、2024年）
・後藤巻則ほか『条解消費者三法［第2版］』259頁以下〔齋藤雅弘〕（弘文堂、2021年）

第5 条　例

1 地方公共団体の役割

　地方公共団体は、消費者問題で重要な役割を果たしている。

　各地方公共団体の消費生活センターでは、消費者からの苦情・問い合わせ・相談の受付、紛争の処理等を行っている（消費者安全法10条等）。消費生活センターで受け付けた消費者問題に関する情報は、「全国消費生活情報ネットワークシステム」(Practical Living Information Online Network System；PIO-NET) を通じて収集される。PIO-NETは、国民生活センターと全国の消費生活センターがネットワークで結ばれているシステムである。

　そして、消費生活センターの設置や運営と並んで重要なのが条例である。

2 条例の制定状況

　条例は、地方公共団体が法律の範囲内で制定する法形式である。

　後記参考文献によれば、47都道府県のすべてと各市区町村のうち89自治体が消費者行政について広く定める条例（消費生活条例）を制定しているとされている（令和4年4月時点）。

106

消費生活条例に盛り込まれる条項の内容は条例ごとに異なるが、おおむね、条例の目的等の基本的理念、行政の体制や方針、事業者への規制に関わる内容、指導・勧告等の実効性確保に関わる内容、消費者の権利実現に向けた支援に関わる内容等が規定されている。

3 「過量販売」に関係する条例

消費生活条例には、事業者の不当な取引行為を禁止するものがあり、その対象としていわゆる過量販売に関する定めがおかれることがある。また、地方公共団体の事業者に対する指導・勧告、事業者名の公表について規定するものがある。

以下では、東京都及び大阪市の条例を取り上げる。

(1) 東京都消費生活条例

ア 不適正な取引行為の禁止

東京都消費生活条例25条2項は「事業者は、消費者と取引を行うに当たり、前項の規定により定められた不適正な取引行為を行ってはならない」と定め、不適正な取引行為を禁止している。そして、禁止の対象となる不適正な取引行為は、同条1項及び東京都消費生活条例施行規則により詳細に定められている。

本書のテーマに関連性の高い規定として次のものがある。

(a) 判断力不足に乗じた勧誘等（25条1項1号）

① 商品又はサービスに係る取引に際し、消費者の知識、経験

及び財産の状況に照らして不適当と認められる契約の締結を
勧誘し、又は契約を締結させること（規則5条の2第3号）。

② 商品又はサービスに係る取引に際し、高齢者その他の者の
判断力の不足に乗じ、契約を締結させること（同条4号）。

(b) **不当な契約内容（25条1項5号）**

① 消費者にとって不当に過大な量の商品もしくはサービス又
は不当に長期にわたって供給される商品もしくはサービスに
係る取引を内容とする契約を締結させること（規則8条5号）。

② 商品又はサービスに係る取引に伴って消費者が受ける信用
がその者の返済能力を超えることが明白であるにもかかわら
ず、そのような信用の供与を伴った契約を締結させること
（同条7号）。

イ 実効性を確保する措置

不適正な取引行為の疑いがあるときは、取引の仕組み、実態
等につき必要な調査が行われる（条例26条）。この調査の経過
及び結果は公表されることがある（同27条）。また、当該調査
に必要な限度で、事業者やその関係者に対し、報告の徴求、立
入調査等を実施することができる（同46条の2第1項）。書面に
よる報告等の要求に事業者等が従わない場合、その旨が公表さ
れる（同50条2項、46条の2第2項）。

また、不適正な取引行為の禁止（同25条2項）に対する違反
は、指導及び勧告の対象となる（同48条）。事業者が勧告に従
わない場合は、その旨が公表される（同50条1項）。

第1章｜法規制

⑵　大阪市消費者保護条例

ア　不当な取引行為の禁止

大阪市消費者保護条例18条1項は、市長が指定する不当な取引行為を行ってはならないと定める。そして、禁止の対象となる不当な取引行為は、「消費者保護条例に基づく不当な取引行為の指定」（平成2年大阪市告示第472号。以下、「大阪市告示」という。）により詳細に定められている。

本書のテーマに関連性の高い規定として次のものがある。

⒜　能力不足に乗じた勧誘等（18条1項1号）

消費者の知識、経験及び財産の状況に照らして不適当と認められる商品等につき、契約の締結を勧誘し、又は契約を締結させる行為（大阪市告示1（21））。

⒝　不当な契約内容（18条1項2号）

消費者が当面必要としない、不当に過大と思われる量の商品等を販売する内容の契約、又は不当に長期間消費者を拘束し、解約を認めない内容の契約を締結させる行為（大阪市告示2⑶）。

イ　実効性を確保する措置

不当な取引行為の疑いがあるときは、必要な調査を行うことができるものとされている（条例18条の2第1項）。当該調査に関し事業者に対して関係資料の提出を求めることもできる（同条2項）。消費者被害の発生又は拡大を防止するため必要がある場合には、事業者の名称等の必要な情報を消費者に提供する措置が行われる（同18条の3第1項）。

109

また、不当な取引行為の禁止（同18条1項）に対する違反は、指導及び勧告の対象となる（同18条の4）。事業者が勧告に従わない場合、事業者の名称等の必要な事項を公表することができるものとされている（同32条1項）。

⑶　その他の条例

　以上のほかにも多数の地方公共団体が消費生活条例を制定している。各地方公共団体が制定する消費生活条例の名称や内容を調査するうえでは、後記参考文献添付の「一覧1　消費生活条例」（25頁以下）を参照することも有用である。

【参考文献】
・土方健太郎＝糸田厚史「地方自治体における消費者行政に関する条例の制定状況とその背景の分析」消費者庁新未来創造戦略本部国際消費者政策研究センター（https://www.caa.go.jp/policies/future/icprc/assets/future_caa_cms201_220415_01.pdf）

第 2 章

企業対応の実務

第2章では、「過量販売」に関する企業の実務対応を取り扱う。

　企業にとっての最適な対応方法は、各企業の業務内容（商品や役務の特性等）、事業の規模、顧客の属性、役職員の構成、社内組織の状況、採用する営業手法等の個別事情により異なる。

　以下で述べる内容は、あくまでも企業の対応方法の一案にすぎない。実際の導入に際しては、必要に応じて顧問弁護士等による助言を受けつつ、各企業の実情に適したものであるかどうかの検証が不可欠である。

【図17】企業対応のサイクル

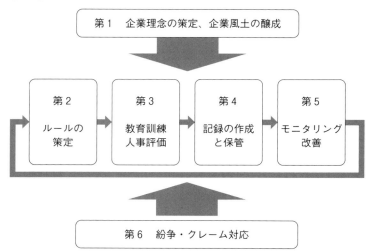

第 **1** 企業理念の策定、企業風土の醸成

　具体的で詳細なルールを策定していたとしても、従業員に理念や意識が根づいていなければルールどおりの業務を実行させることが困難な場合があり得る。一定の企業風土を醸成し、根づかせるために、個々のルールの根底にある「理念」を明文化し、企業内に向けて発信することが考えられる。

　消費者問題に関する企業理念の策定において参考となるものとして、政府が掲げる「消費者志向経営」がある。

　平成27年3月24日付け閣議決定による消費者基本計画は、消費者を重視した事業活動を行うことを「消費者志向経営」と呼ぶことができるとしたうえで、次のように述べて、消費者の利益の擁護・増進を意識した活動が持続的な経済成長を実現することにつながるとしている。

> 　社会的に有用で安全な商品・サービスを開発・提供し、消費者・顧客の満足と信頼を獲得することなくしては、事業活動は継続できないと考えられる。十分な消費者対応がなされることで、消費者・顧客の満足や信頼が高まれば、安心して消費活動が行われる。また、消費者の意見をいかした商品・サービスが提供されることなど、消費者を重視した事業活動が更に行われることにより、相乗効果によって、消費者と事業者による健全な市場の実現が期待される。

策定した企業理念については、社内規程、企業行動規範等に
盛り込んで企業内部で周知することのほか、パンフレット、
ウェブサイト、メールマガジン等の広報資料に掲載することが
考えられる。

第2章 | 企業対応の実務

第2 ルールの策定

　企業組織においては、経営陣がルールを策定し、従業員に対してそのルールに従って行動するよう指揮命令を行い、従業員が当該指揮命令に従って業務を実行することにより全体的な統制が図られる。

1 民法及び消費者契約法への対応

(1) 基本方針（3つの課題）

　事業者は、公序良俗違反、不法行為、過量契約取消権といった民事規制の適用を受ける過剰な契約を消費者との間で締結すれば、消費者から損害賠償請求や代金返還請求を受けるリスクがある（→「第1章第2、第3」）。

　そこで、企業対応の基本方針は、「消費者との間で締結する契約が、これらの法規定の適用を受けないよう予防をすること」になる。

　では、どのような方法により予防をすべきか。

　第1章で述べた各法規定の要件や裁判例の判断傾向に照らせば、次の3つの課題が抽出できる。

---

　① 契約の目的の分量等を過剰にしないこと

　② 消費者の判断能力の不足を利用せず、それに配慮する

115

こと

③　消費者の自由な意思を害さず、それを尊重すること

(2)　契約の目的の分量等を過剰にしないこと

ア　基本設計

契約の目的の分量等に関する企業対応について、本書では、次のとおりの「二段構えの対応」を提示する。

【基本設計の案】
第1段階：定量的な数値基準による一般的統制
第2段階：数値基準を超える取引についての特別の統制

民法における公序良俗違反や不法行為、消費者契約法における過量契約取消権の適用は、契約の目的の分量等の数量的な多少で画一的に判断されるものでは決してない。過量契約取消権における過量性は、消費者の生活の状況という個別的な事情をも踏まえて個別の事案に応じて判断がされる。民法の公序良俗違反や不法行為についても同様であり、数量的に過剰であることだけで無効性や違法性を肯定する裁判例が見当たらないことは、第1章で述べたとおりである。

これらの民事規制のあり方を前提にすれば、企業対応の場面においても、分量等の数量的な多少だけでなく、消費者の生活の状況等といった個別的な事情にも踏み込んで対応せざるを得ないこととなる。

しかしながら、企業は、日々行う営業活動の過程において、消費者との間で反復継続して契約を締結している。しかも、その営業活動は、複数の（企業規模次第では多数の）従業員により組織的に行われる。そして、従業員には、意欲、能力、勤務経験等に差があるのが通常である。

このような企業活動の特性に鑑みれば、「消費者の生活状況等の個別的な事情を考慮したうえでの個別具体的な判断」を接客や契約締結の業務に従事する現場の従業員に委ねる対応は、企業規模や営業態様等の事情に左右されるとはいえ、遂行困難な場合が多いのではないかと思われる。当該対応を採用することは、現場の各従業員に対して個別的判断をするための知識や技能を習得させることが前提となるからである。

したがって、従業員を介した組織的な営業活動の統制になじみやすい「定量的な数値基準による一般的統制」と、個別的な事情にも配慮できる「数値基準を超える取引についての特別の統制」をミックスした制度設計を提唱したい。

イ　第1段階：定量的な数値基準による一般的統制

【基本設計の案】

第1段階：定量的な数値基準による一般的統制

　個別的事情の勘案を通常要しない程度の水準設定

　→数値基準内の取引には特別の統制を適用せず

※　ただし「誤解」による弊害への配慮

第 1 段階の定量的な数値基準による統制は、当該数値基準を超えなければ第 2 段階による特別の統制を適用せず、通常の業務プロセスのとおりとするというものである。

以下、数値基準の内容の策定について述べる。

(a) **基準①〔契約の目的の分量等〕**

基準①は、契約の目的の分量等に上限を画する方法による統制を想定している。

第 1 段階においては消費者の生活の状況等の個別的な事情を勘案しない。したがって、数値基準は、一般的・平均的な消費者にとって通常想定される程度の分量等にしておく必要がある。

例えば、炊飯器であれば、一般的・平均的な消費者にとって通常想定される購入分量は、一世帯当たり 1 台程度と考えられる（環境省「家庭からの二酸化炭素排出量の推計に係る実態調査 試験調査」（2015年）によると、一世帯当たりの炊飯器の平均保有台数は、電気炊飯器・ガス炊飯器を合算して0.97台。）。消費者の生活の状況等の個別的な事情、特に「当該契約の締結を必要とする特別の事情」は勘案しないことから、「いわゆる爆買いをするために訪日した外国人」といった例外的事情は考慮しない。

食料品や消耗品の場合は、消費者一人当たりの一般的・平均的な消費量を目安として数値基準を策定することが考えられる。

着物を含む衣服、宝飾品、服飾品のように、ある程度の長期間使用可能であり、趣味嗜好等により同種のものを複数買い求

める場合があるという特性がある商品については、政府による統計データ、マーケットリサーチ会社のアンケート結果、企業自身の過去の実績等により把握できる一般的・平均的な消費者の消費動向や保有状況を参考として数値基準を策定することが考えられる。

　数値基準を社内規程として盛り込む場合、１回の契約当たりの分量等の上限を定める方法のほかに、一定期間において締結される契約を通算した分量等の合計の上限を定める方法が考えられる。取引実務において問題となりがちであるのは単発型ではなく累積型の契約であることから、一定期間において締結される契約を通算した分量等の合計の上限を定める方法が合理的といえる場合が多いと考えられる。「一定期間」の長短については、あまりにも短期間とすれば管理上煩雑となることから、企業が取り扱う契約の目的の消費サイクル等の事情に照らし、合理的な期間（例えば、企業の会計年度等）を検討する必要がある。

　分量が過剰であるかどうかの判断は、同種の契約の目的が重複して取引されることにも左右される。同種の契約の目的が重複することの不当性を回避しようとすれば、企業が取り扱う契約の目的を「同種」のものごとに区分し、品目ごとの上限を定め、品目ごとに各消費者との取引状況を管理しなければならないことになる。しかし、多品目にわたる商品等を取り扱う企業においては、当該対応に要するコストの負担があまりにも重たくなることが想定される。そこで、適用対象を基幹的商品や代金額が高額な商品等に限定することや、分量等に上限を画する

方法による統制は導入せず次に述べる代金・債務による統制だけを導入することも検討の余地がある。

⒝　**基準②〔代金・債務〕**

　基準②は、契約に係る代金の額や、消費者が負担する債務の額について上限を画する方法による統制を想定している。

　この統制は消費者の財産が毀損され、又は収支が圧迫され、消費者を経済的に困窮させる不当性を回避することを主眼とする。したがって、商品等を同種の品目ごとに区分して管理する必要性は乏しく、通常はすべての商品等を包括して管理すれば足りると思われる。

　契約の代金額による基準の設定は、１回の契約当たりの上限を定める方法のほかに、一定期間において締結される契約を通算した代金合計額の上限を定める方法が考えられる。消費者の生活を困窮させる不当性を回避するねらいがあることに照らせば、後者の方法がより合理的といえる場合が多いと考えられる。設定する上限金額は、あらゆる消費者に共通する固定額を定める方法（例えば、「１年当たり○○万円」）のほか、当該消費者の収入に対する一定割合の額とする方法等が考えられる。

　クレジット契約や自社割賦により消費者が負担する債務の額による基準の設定は、消費者が負担する債務の総額の上限を定める方法のほか、一定期間（例えば１か月）当たりの債務の「支払額」の上限を定める方法が考えられる。クレジット契約や自社割賦による代金決済方法を導入している企業においては、この基準の設定がリスク回避の観点で重要となる場合が多いと思われる。基準とする金額は、あらゆる消費者に共通する

固定額を定める方法（例えば、「1か月における弁済額の上限を○万円」）のほか、当該消費者の収入に対する一定割合の額とする方法等が考えられる。

これらの数値基準の策定においては、契約の目的の分量等についての基準と同様、消費者の生活の状況等の個別的な事情、特に、「当該契約の締結を必要とする特別の事情」は勘案しないことから、一般的・平均的な消費者にとって通常想定される水準としておく必要がある。

(c) 弊害への配慮

定量的な数値基準は、一般的な水準により上限を画することを通じて法的リスクを一定程度軽減させようとするものにすぎず、当該数値基準内の取引であればあらゆる法的リスクが解消されるというものではない。不当な勧誘行為を用いた場合は、数値基準内の取引でも違法と判断される可能性がある。

しかし、定量的な数値基準により企業組織の統制を図る場合、「数値基準の範囲内であれば、無条件に問題がない」との誤解が生じ、数値基準内で消費者の自由意思に配慮しない無理な勧誘等を誘発するおそれがある。過量契約解除権及び過量契約取消権の創設に関するいずれの立法過程においても、定量的な基準を設定した場合において基準をわずかに下回る取引をしようとする悪質な事業活動が生じることが指摘されていた。健全な企業であっても、定量的な数値基準が設定されていること自体から、一部の従業員に前記の誤解が生じてしまう可能性は否定できない。

そこで、定量的な数値基準により統制を図る場合には、その

ことと併せて、指導教育の場において制度の本質的な意味合い
について説明し、「数値基準内の取引であっても不当な販売方
法とならないよう留意すべき」との指示をする等、誤解による
弊害を防止することが推奨される。

ウ　第2段階：数値基準を超える取引についての特別の統制

> 【基本設計の案】
> <u>第2段階：数値基準を超える取引についての特別の統制</u>
> 　報告制度、許可制度、慎重な意思確認等の特別措置等

　第2段階は、第1段階で設定した水準を超える取引による法
的リスクに対応するための施策である。第1章で解説したとお
り、民法（公序良俗違反、不法行為）や消費者契約法（過量契約
取消権）の適用判断は、契約の目的の分量等の数量的な多少の
みで行われるものではない。したがって、第1段階で設定した
水準を超える取引を一律回避しなければならないというわけで
はない。消費者被害を避けつつ、当該水準を超える商品やサー
ビスを提供することにより消費者の満足を得るとともに、企業
としての営利を追求する姿勢は正当なものである。

(a)　報告制度

　まず、所定の事項を報告させる制度が考えられる。報告の対
象は、「第1段階の数値基準を超える取引であるものの、なお
も民法や消費者契約法に照らして問題がないといえる事情」で
ある。具体的には、①そのような分量等の契約を締結する必要

性があること（当該契約の締結を必要とする特別の事情）、②契約の締結により消費者が経済的に困窮するものではないこと、③消費者の判断能力に特段の問題がないこと、④消費者の自由な意思が確保されていること等が対象となると考えられる。

①については、企業が取り扱う商材により確認すべき点が異なる。着物を含む衣服、宝飾品、服飾品が対象であれば、使用機会（年齢、趣味等）、興味・関心、同種のものを重複して取引する合理性（色柄等の差異、収集の趣味、贈答目的等）等が対象となると考えられる。住宅リフォームが対象であれば、工事をすべき必要性が主たる対象となると考えられる。

②については、例えば、高齢であり収入が限られている消費者の場合には、余剰資金による取引であり、生活が直ちに困窮する状況にはないことを確認することが考えられる。

③については、消費者の判断能力に疑問を抱く兆候となるような事実がないかどうか、もし疑義がある場合は判断能力への慎重な配慮がされているかを確認することが考えられる（後記(3)参照）。

④については、担当者の勧誘態様に問題がないか、意思確認が適切に行われているかを確認することが考えられる。また、後記(4)で述べるとおり、第2段階の特別の統制としてより厳格な意思確認の手続を導入する場合は、その経過や結果を報告させることが考えられる。

以上の各項目を企業が取り扱う商品や顧客の属性等に照らして検討し、あらかじめチェックリスト化することも有益である。

以上のとおり、報告制度であるとはいえ、所定の報告のためには通常の業務プロセスに登場しない対応をする必要性が生じる。かかる対応を通じて、民事規制の適用を受ける法的リスクが一定程度軽減されることが期待できる。

(b) **許可制度**

許可制度は、第1段階の定量的な数値基準を超える取引を実行するうえで、上長の許可を条件とする制度を想定している。稟議決裁の基準（決裁基準表）は多くの企業において導入されていると思われるところ、当該基準に過量販売に関するルールを盛り込むことが想定される。

当該稟議決裁の手続においては、上記(a)で述べた種々の事項を稟議書に記載のうえで申請させることが考えられる。

報告制度に代えて許可制度を導入することも考えられるが、数値基準を二重に設定して三段構えにしたうえで、①特別の措置が適用されない数値基準Ⅰの範囲内の取引、②数値基準Ⅰを超える報告制度が適用される取引、③さらにその上の数値基準Ⅱを超える許可制度が適用される取引、という3つの区分を設けることも考えられる。稟議決裁が取引の迅速性に与える影響を考慮し、このような対応をすることも検討の余地がある。

以上のほかには、後記エで述べるように、数値基準を超える取引の全般を報告制度の対象としつつ、「数値基準を超える契約の締結に向けた勧誘による取引」に限って許可制度の対象とする（つまり、事業者の勧誘によらない取引は報告のみで足りるとする）対応も検討の余地がある。

第2章 ｜ 企業対応の実務

⒞ **厳格な意思確認手続**

数値基準を超える取引について、消費者の自由意思をより慎重に確認する手続を導入することが考えられる（後記⑷参照）。

エ 「勧誘」による取引

一定の数値基準を超える取引の許可制度を導入する場合、「数値基準を超える契約の締結」を許可の対象とする方法のほか、「数値基準を超える契約の締結に向けた勧誘による取引」を許可の対象とする方法が考えられる。後者の場合、消費者が自発的に買い求めた場合は数値基準を超える契約であっても許可が必要とならない。

先ほどの炊飯器の例では、一般的な水準が「1台程度」と述べた。仮に、このような数値の水準を超える「契約の締結」に許可を必要とすると、消費者が自発的に複数台の購入を希望しているにもかかわらず事業者側が許可手続を実施しなければならないという不自然な事態を招く。

他方、高齢の消費者が自己使用のために炊飯器1台を購入しようとする際に、事業者の担当者が合理的な理由なしにより多い台数の炊飯器の購入を勧誘することは、不当な勧誘行為ではないかとの疑いが生じる。本来、統制によって捕捉しておくべきであるのは後者のような場面である。

したがって、通常想定される企業活動を前提とすれば、数値基準を超える契約の締結に向けた勧誘による取引を許可の対象とするのが合理的といえる場合が多いのではないかと思われる。ただし、報告制度の対象としては、勧誘によらず消費者が

125

自発的に買い求めた場合を含む取引全般を対象としておくことも想定される。

　なお、契約の締結に向けた勧誘だけでなく、許可の対象に「事業所への来訪の要請」を含めるなど、企業における営業態様に応じて工夫をする余地がある。

⑶　消費者の判断能力の不足を利用せず、それに配慮すること

　ア　利用の禁止

　契約を締結するか否かを合理的に判断することができない消費者の事情につけ込むことは、事業者の法的責任を生じさせる要因となる。したがって、社内規程に「若年、高齢、精神疾患その他の理由による顧客の判断能力の不足を利用し、契約を締結させる行為を禁止する」などという定めをおくことが考えられる。

　イ　判断能力の不足への配慮

　判断能力というのは「ある」「ない」と明確に区別できるとは限らない。日常生活は問題なく過ごせても、高額又は複雑な取引に対する判断能力に問題がある消費者もいる。また、認知症等の疾患により、以前はできていたことが、時間の経過とともに少しずつできなくなるという場合もある。したがって、判断能力の程度に疑問が生じる段階で配慮をすることが推奨される。

　「過去の取引を忘れがちである」「代金決済が円滑にできない」「取引の仕組みを理解しづらい」等の能力の不足が疑われ

る場合、情緒の不安定や不可解な言動等の精神状態の異常性が疑われる場合、本人や第三者から精神疾患等の存在の告知や以後の勧誘をしないことの申入れを受けた場合等には、これを上長に報告する定めを設けることが考えられる。

このような報告があった場合、上長や専門の担当者が直接消費者に面談して状況を確認し、改めて契約内容等を丁寧に説明し、その状況に照らして契約締結可否の判断を行うなどの対応が考えられる。判断能力に疑義がある場合、よりいっそう消費者の自由意思に配慮をすることが重要といえる（後記⑷参照）。

このような対応は、消費者の判断能力に配慮し、その自由な意思を尊重する対応と評価され、法的リスクを低減させるものと解される。

なお、事業者が消費者の判断能力に関して積極的に調査する仕組みは不必要である。「認知症であるか」「精神疾患があるのか」などと質問をすることは、消費者を不快にさせる対応にほかならず、企業としてこのような対応をすべき必要性がないことはいうまでもない。

ウ　高齢者・認知症

わが国における65歳以上の高齢者の人口は約3625万人であり、総人口に対する割合は29.3％である（総務省統計局「人口推計〈2024年（令和6年）10月報〉」令和6年10月21日現在）。高齢者層を対象として事業活動を展開する企業にとって、認知症等の高齢者特有の問題への対応が避けられない課題となる。

高齢の顧客に対する勧誘方法のあり方について参考となるも

のとして、日本証券業協会による「協会員の投資勧誘、顧客管理等に関する規則第5条の3の考え方（高齢顧客への勧誘による販売に係るガイドライン）」がある（https://www.jsda.or.jp/about/jishukisei/web-handbook/101_kanri/files/koureikokyaku_20210801.pdf）。同ガイドラインは、慎重に勧誘を行うべき顧客の範囲を目安として75歳以上とし、より慎重にすべき範囲を80歳以上として顧客の属性により区別をしたうえで、勧誘の事前承認制、役職者による消費者との直接面談等による確認、勧誘から約定までの熟慮期間の確保等の仕組みを導入する考えを示しており、金融商品以外を扱う企業にとっても参考になるところがある。

　認知症はおおむね時間の経過とともに症状が悪化していく傾向にあるとされており、継続的な取引関係の途中で事情が変化することに留意が必要である。取引の開始当初に問題がなかったからといって、その後の取引において問題がないとは限らない。そこで、継続的な契約関係や長期にわたる契約に関し、消費者の健康状態を確認できる体制作りをすること、認知症になった場合を想定した契約内容にすることが指摘されている（加藤佑佳ほか「高齢者の消費者トラブルにおける認知機能障害の影響と対応策」35頁。消費者庁新未来創造戦略本部国際消費者政策研究センター〈https://www.caa.go.jp/policies/future/icprc/research_003/assets/future_caa_cms201_230612_002.pdf〉）。

　以上のほか、高齢の顧客に対する企業対応の工夫例が掲載されているものとして、公益社団法人消費者関連専門家会議消費者対応部門における高齢者対応研究会による「『高齢者に困っ

ていること』に加えて『高齢者が困っていること』への対応も重要に」(https://www.acap.or.jp/wp/wp-content/uploads/2023/06/2022ARIkoureiReport.pdf) がある。

⑷　消費者の自由意思を阻害せず、それを尊重すること

ア　不当勧誘の禁止

消費者の情報又は判断をゆがめる不当な勧誘行為は、企業の法的責任を生じさせる要因となる。そこで、各企業の営業形態に応じて、懸念される一定の行為類型を社内規程により禁止しておくことが考えられる。

【「情報」をゆがめる行為の例】

・不実のことを告げる行為

・一定の事項を告げない行為

・不確実なことを断定的に告げる行為

【「判断」をゆがめる行為の例】

・契約を締結しない旨の意思を表示した者に対する勧誘

・威迫して困惑させる行為

・消費者の住居等から退去しない、又は消費者を退去させない行為

・販売目的を秘匿して退去困難な場所に同行したうえでの勧誘

・迷惑を覚えさせるようなしかたの勧誘

【判断能力不足の利用、適合性の原則】

・判断力の不足に乗じ、契約を締結させる行為

・顧客の知識、経験及び財産の状況に照らして不適当と認められる勧誘

イ　自由意思の尊重

(a)　情報の提供

　情報は、判断をする前提となるものである。正確で十分な情報の提供は、消費者の自由意思の尊重につながる。

　提供の対象となる情報は、契約の目的の内容や取引条件等の契約に関する基本的な情報のほか、当該消費者の過去の契約状況、負担する債務の総額、1か月当たりの債務の弁済額等の契約の目的の分量等に関連する情報が考えられる。

　このような情報が記載された文書を消費者に送付する等の対応は、消費者の自由な意思決定を尊重する取組みと評価できる。

(b)　判断の尊重

　消費者の判断を尊重する施策の例としては、次のような対応が考えられる。

○　必要性が乏しいと思われる取引について再考を促すこと

○　逡巡している様子である場合には、無理な決断をする必要がない旨を告げること

○　接客や契約締結業務を担当した部署とは異なる部署から消費者に直接連絡をして、再度の説明や意思確認をす

第2章 | 企業対応の実務

ること

○　消費者が契約締結の意向を示した場では契約を締結せ
ず、いったん退店をしたあとに消費者から契約書類を郵
送してもらう業務フローとすること

○　法定のクーリングオフ制度が適用されない取引につい
て、企業が任意のクーリングオフ制度を創設し、一定期
間は消費者が無条件に解除できる制度を自主的に導入す
ること

　以上のような施策は、消費者の自由な意思を尊重する対応と
評価され、法的リスクを低減させるものと解される。

　なお、企業の実情次第では、消費者とのすべての契約ではな
く、(2)で述べた定量的な数値基準を超える取引に限定して、上
記の各施策の全部又は一部を適用することが合理的な場合もあ
るといえよう。

2　特定商取引法への対応

(1)　基本方針の決定

　特定商取引法（訪問販売・電話勧誘販売）との関係では、企
業の対応方針として、次のいずれに舵を切るのかを選択するこ
とが迫られる。

①　特定商取引法が定める「取引の形態」を採用する。同

131

法の適用を受けることを前提に、法令遵守の整備をする
②　特定商取引法が定める「取引の形態」を採用しない。
　　営業担当者が「取引の形態」に該当する営業を行わない
　　ための整備をする

　特定商取引法は、一定の「取引の形態」による契約に適用され、行政機関への登録や届出等は要件ではない。したがって、企業において同法の適用を受ける認識がないまま、客観的には法規制の対象となる営業活動を実施してしまっている事態があり得る。

　特定商取引法は、クーリングオフ等の民事規制だけでなく、業務停止命令を含む行政規制や刑事罰を定めている。法令遵守の整備をしないまま法規制の対象となる営業活動を実施することは、高い法的リスクにさらされることとなる。したがって、中途半端な対応は危険であり、上記の二者択一の選択が迫られる。

⑵　法規制の適用を受けることを前提とした法令遵守

ア　広範な規制への対応

　訪問販売・電話勧誘販売に対しては、契約の目的の分量等が過剰であるかどうかにかかわらず、広範な規制が適用される。

　氏名等の明示、不当な勧誘の禁止、書面交付義務等の行政規制のほか、顧客が一定期間は契約を無条件で解約できる権利（クーリングオフ）等の民事規制も適用される。

　「過量販売」という本書のテーマからは外れるため詳述を避

けるが、法が定める取引形態を採用する場合はこれらの広範な
法規制への対応が必須といえる。

イ　過量契約解除権への対応

過量契約解除権の過量性と過量契約取消権のそれとは、結果
として認められる範囲には大差がないと指摘されている。した
がって、過量契約解除権における過量な契約となることを避け
るための施策は、「民法及び消費者契約法への対応」で述べた
内容が当てはまるといえる（→「第2の1」）。

なお、過量契約解除権は、顧客に「当該契約の締結を必要と
する特別の事情」があることを事業者が主張立証できれば、そ
の行使が認められない。したがって、取引の際に当該事情を確
認し、後日の主張立証に備えることが特に重要な課題となる。

具体的な対応方法としては、報告制度において「特別の事
情」に関する事情を必須の報告事項とすること、許可制度にお
いて「特別の事情」があると認められることを決裁基準とする
こと等が考えられる。

(3)　法規制の適用を回避する施策

特定商取引法が定める取引形態を採用しない選択をした場
合、「第1章第4の4」で解説した「訪問販売」「電話勧誘販
売」の各要件に該当する営業活動を禁止し、当該要件に該当し
ないよう業務マニュアルを整備する対応が考えられる。

3 指揮命令、業務分掌

　定めたルールを適切に機能させるためには、業務を分担する責任者の責任と権限の所在をあいまいにせず、明確にしておくことが推奨される。

　定量的な数値基準を超過する取引について許可制度を導入する場合であれば、許可・不許可の決裁担当者を明確にする対応となる。担当者は、各企業の規模や役職員の状況に応じて、代表取締役、担当取締役、法務・コンプライアンス部門等が想定される。

第**3** 教育訓練・人事評価

1 教育訓練

　策定したルールを徹底させるためには、従業員に対してルールの内容を周知し実践するよう指示命令をするだけではなく、実効性確保のために教育訓練をするプロセスも重要といえる。

　社内規程を具体化したマニュアルを整備し、具体的な事例等を記載することは従業員の理解を深め、より徹底されたルールの実施につながる場合があるといえる。また、紛争やクレームに発展した事例の共有も有意義であろう。

　社内研修の具体的方法としては、朝礼・終礼における周知、社内報・社内メールマガジン・社内ポータルサイト等における発信、社内での勉強会、顧問弁護士その他の外部講師を招いての研修会、疑義があるときに相談を受け付ける窓口の設置等が考えられる。

　消費者庁は、企業内で実施する従業員向けの消費者教育に関する研修について、教育研修の意義や研修の始め方について解説し、実例を掲載したマニュアルを公開している（https://www.caa.go.jp/policies/policy/consumer_education/public_awareness/teaching_material/business_education/）。

　高齢者を顧客層とする企業にとっては、高齢者や認知症に関する指導教育をすることが考えられる。従業員に認知症サポー

ター養成講座（https://www.mhlw.go.jp/stf/seisakunitsuite/bunya/0000089508.html）の受講を通じて認知症そのものに対する知識や理解を深めさせること、社内で独自の研修制度を設ける等が想定される。また、日本認知症官民協議会は、「金融編」「小売編」「住宅編」「レジャー・生活関連編」「薬局・ドラッグストア編」「配食等編」「運動施設編」「図書館編」といった業種ごとの認知症への対応の手引きを作成し、ウェブサイトにおいて公開をしている（https://ninchisho-kanmin.or.jp/guidance.html）。

2　人事評価

　ルールの実効性を確保するために、ルールへの理解や遵守状況を人事評価の査定に反映させること、一定の役職に就任するためには研修の履修を要件とする仕組み等が考えられる。

第2章 | 企業対応の実務

第4 記録の作成と保管

1 作成・保管の必要性

　ルールに基づいて業務が実行されているかどうかを確認するためには、業務の状況が記録され、保管されている必要がある。

　万が一、消費者等との間で訴訟等の紛争に発展した場合には、それらの記録は「証拠」として活用されることになる。事業者が取引経過の記録等を適切に行っているかどうかが訴訟の結果に影響することはめずらしいことではない。

　例えば、【13（B₂）】は、消費者が事業者の担当者に対して、「昨晩使ったが大変良かった」「支払も大丈夫」「（無理に勧められたこと）は無かったですね」と返答した事実を認定し、これを事業者に有利な事情として考慮した。このような会話内容は、録音又は応対メモとして記述すること等による記録・保管がされていなければ、後日になって立証をすることは容易ではない。会話を行った担当者の記憶は減退するし、担当者の退職等によって証言自体が得られなくなる可能性もある。

　また、取引経過の記録・保管の重要性は、消費者との間の関係性が悪化しているかどうかには関係がない。消費者本人との関係性が良好でも、親族が取引関係を知ったことを契機として紛争化する事例（【8】）や、本人の没後に遺族が訴訟提起をす

137

る事例もある。平素の準備が肝要といえる。

2 「過量販売」と情報管理

(1) リスク管理のために収集すべき情報

　民法（公序良俗違反、不法行為）、消費者契約法（過量契約取消権）、特定商取引法（過量契約解除権）のいずれの適用判断においても、消費者の生活の状況等の個別的な事情が考慮の対象に含まれる。このことを企業のリスク管理に単純に当てはめれば、「消費者の個別的な情報をも含めて記録し、保管すべき」という結論が導かれる。

　しかし、当該情報の記録や保管に要するコストも無視できない。顧客又は潜在的顧客の性別、年齢、職業、家族構成等のマーケティングに関わる情報、過去の購入商品、金額、数量等の販売実績に関わる情報は、通常の営業活動に伴って収集・保管されると思われる。

　他方、「重複して同種の商品を購入することを必要とする特別の事情」「判断能力に関する事情」「消費者の自由な意思で契約が締結されたことを示す情報」等は、営業活動に必須ではなく、他の情報を収集すればそれに伴って自然に収集できるというものでもなく、意識的に取り組まない限りは収集されないことが通常であると思われる。

⑵ 二段構えによる「割り切り」

　以上の内容を踏まえ、情報管理の方策の一案として、二段構えによる妥協案を提示したい。

　「第2の1」で述べた許可制度又は報告制度（第2段階）を導入すれば、定量的な数値基準を超える取引に関する消費者の個別的な事情が、これらの制度の実施を通じて上長等に集約されることとなる。そうすると、当該稟議決裁や報告に係る記録を保管しておけば、少なくとも定量的な数値基準を超える取引に関しては、消費者の生活の状況を含む個別的な情報も一定程度収集し、保管されることとなる。

　他方、当該二段構えの方法によれば、定量的な数値基準の範囲内の取引については、そのような個別的な情報は収集されない。第1段階における統制のコンセプトは、一般的・平均的な消費者にとって通常想定される水準の数値基準を設定するというものであった。したがって、設定した数値基準がある程度保守的なものである限り、数値基準の範囲内の取引については分量の過剰性を要因とする消費者トラブルへと発展する可能性は低く、消費者の個別的な事情に関する情報を収集しておく必要性が高くはないと考えられる。したがって、数値基準の範囲内の取引に関しては、当該情報収集の対象外であるとして切り捨てることで合理化を図ることも検討の余地がある。

　このような考え方は、取引経過を記録する場面にも当てはまると考えられる。上記1で述べたとおり取引の過程に係る情報の記録・保存は重要であるとはいえ、記録・保存に要するコス

トの問題もある。そこで、記録の対象を限定する基準として定量的な数値基準を導入し、数値基準を超えたものに限定して記録・保管をする対応が考えられる。

　以上のほか、第2の1⑶で述べた消費者の判断能力に配慮をすることに関する情報、第2の1⑷で述べた消費者の自由な意思を尊重することに関する情報を記録・保管しておくことは重要である。

第2章 | 企業対応の実務

第5 モニタリング・改善

ルールどおり業務が適切に実施されている状態を維持するためには、記録をモニタリングし、違反があれば是正の措置を講じる必要がある。

また、ルール自体の改善が必要となる場合もある。最初から完全なルールを策定することは容易ではなく、不備や欠陥があることはめずらしくない。企業規模の拡大や組織構成の変化等により、従前のルールが不適切となる場合もあり得る。策定したルールは、継続的に見直して改善を図ることが重要である。

次に述べる紛争・クレームは、ルールを見直す機会となり得る。

第6 紛争・クレーム対応

　クレームや紛争が生じた場合は、早期に適切な措置を行うことが重要である。

　有事の際に迅速かつ適切な措置を行えるよう、クレーム等が生じた場合の報告手順等の連絡体制、専門家への相談や社内での方針決定等の体制を整備することが考えられる。

　消費者の代理人として弁護士や司法書士が選任された段階に至れば、通常は専門家への相談が必要となる。弁護士等から内容証明郵便が送付されたからといって、必ずしも事業者に法的責任があるとは限らない。事実関係を整理し、冷静に対応を検討することが重要である。

　紛争やクレームは、当該問題への対処が重要であることはいうまでもないが、社内規程、マニュアル、従業員に対する指導教育の内容等の「企業対応のあり方」を見直す機会として位置づけることもできる。

第 3 章

裁 判 例

第 3 章では、「過量販売」に関連する裁判例の認定事実及び判断の概要を掲載する。また、掲載裁判例の一覧を本書巻末に掲載する。

最高裁判所の判断は見当たらず、いずれも下級審の判決である。

大半が民法（公序良俗違反・不法行為）に関するものであるが、過量契約取消権（消費者契約法）に関する【22】【24】、過量契約解除権（特定商取引法）に関する【23】がある。

複数の事業者が登場する場合は、B$_1$、B$_2$等と表記して事業者を区別している。

判断理由について①〜③の記載があるものは、「①取引の過剰性」「②消費者の判断能力や自由意思」「③事業者側の事情」として整理している。

【1】 静岡地浜松支判平成17・3・10（2005WLJPCA03106006）

●事例

50歳台の女性が、化粧品販売業者の電話勧誘により、約 1 か月半で31回にわたり合計約915万円の化粧品（47セット等。うち洗顔パウダー 5 万760包）・健康茶（3120包）等を購入した事例。

消費者は、知的障害（知能指数55、軽度精神遅滞）で、記憶力・計算力・理解力・判断力等が低下し、日常生活は一応自立しているが財産管理には常に援助が必要な状態にあるとされた。

独居・独身であり、パートタイマーとして年120万円足らずの収入を得ていた。親族がたくわえた約1800万円の預貯金が

あったが、事業者との間の一連の契約や他の住宅リフォーム契約への支払により、残高はほとんどなくなった。

消費者は、当初化粧品の使い心地に好印象の反応を示した。代金引換による決済のほか、信販会社とのクレジット契約が利用された。大半の商品は未開封のまま保管されていた。

事業者は、商品の到着確認を口実に頻繁に電話して言葉巧みに取り入って歓心を買い、商品の購入を勧誘した。

●判断

一部の契約につき不法行為の適用を肯定。肯定範囲は、判断能力不足に対する認識を基準としたうえで、商品の種類ごとに当初の取引を除外。

①短期間のうちに、同種類の、適正な時期には到底消費できない大量、多額の商品が購入されている。多額のローンを組んでまでする購入のしかたそれ自体のなかに、不合理性、不自然性、異常性を十分見いだすことができる。②①は、消費者の知的能力・人格特性に起因する。③事業者は、消費者が営業員の言いなりになる都合のよい顧客であることが容易に分かったはずであった。それにもかかわらず、勧誘し、弱点につけ込んだ。

【2】 大阪地判平成18・9・29 (消費者法ニュース71・178)

●事例

70歳台後半の女性が、呉服販売業者ら (B₁ら) の展示会販売により約2年で37回にわたり合計約1850万円の呉服・寝具等を、百貨店 (B₂) の外商催事等により約1年6か月で5回にわ

たり合計約520万円の呉服・宝石等を購入した事例。

　消費者は、アルツハイマー型認知症により認知機能が低下していた。ただし、日常生活をひとりで営むにおいて明らかな支障はなかった（親族が診療を受けさせるまでの必要を感じず、余暇や趣味について一定の行動力と関心を有し、大きな混乱を起こすことなく生活できていた。展示会等からひとりで帰れており、自己や場所についての見当識が失われていなかった。）。

　夫をすでに亡くし、独居で生活し、夫の経営していた会社の取締役であるものの業務には関与していなかった。年金及び同社からの給与として月々40万円強の収入があった。

　従前は預貯金を減少させずに管理できており、自宅不動産等のほかに預貯金が2780万円あったが、一連の取引後の残高は550万円となった。

　日本舞踊・呉服の趣味があり、別の業者から年50万〜100万円程度の呉服を継続的に購入していた。

　呉服販売業者（B_1）主催のイベントや旅行に参加した。趣味の踊りの会に参加し、呉服着用機会はそれなりにあった。

　百貨店（B_2）の外商担当者は、年1回程度消費者を訪問し、商品を販売していた（従前は約5年半で着物を含まず150万円程度）。外商担当者は、消費者の親族から取引を抑制することの申入れを受けていた。

《呉服販売業者ら（B_1ら）との取引》

　事業者の外交員が展示会まで同行し、会場において事業者担当者等が試着を勧めて購入を勧誘していた。消費者が意欲的に呉服類を買い求めた可能性が否定できない。一部の低額商品を

除き信販会社とのクレジット契約や自社割賦が利用された。信販会社の審査不許を受け、別の信販会社とのクレジット契約や自社割賦が利用された。呉服類のほとんどは着用されず保管されていた。

《百貨店（B₂）との取引》

　店舗販売、担当者が来場を勧誘し同行する外商催事、又は自宅での訪問販売により取引された。消費者が宝石を別のものに換えたいと希望することがあった。現金決済されており、信販会社とのクレジット契約の利用はなかった。

●判断

《呉服販売業者ら（B₁ら）》

　一定時期以降の契約につき公序良俗違反の適用を肯定（公序良俗違反の適用が否定される範囲につき不法行為責任も否定）。肯定範囲は、事業者が認知機能低下に乗じた時期以降。

　①取引金額は、収入に照らして明らかに過大かつ不相当。呉服については、既存の所持数に照らし客観的にみて購入の必要性がうかがえない。寝具については、通常の品質のものより著しく高価で、同一機会に購入された呉服と合わせれば過大な金額に上り、客観的にみて購入の必要があったという事情もない。②①の購買行動は、消費者の判断能力低下に起因する（意思能力に関する言及）。③事業者は、消費者の財産を著しく毀損することを認識しつつ、消費者の判断能力低下に乗じて、商品を過剰に販売した。取引実績及び接客を通じて認知機能低下を知り得なかったはずはない。信販会社の審査不許を受けた自社割賦利用等からすれば、消費者の財産状況を顧慮することなく

勧誘をした。

《百貨店（B₂）》

　公序良俗違反・不法行為の適用を否定。

　①百貨店との取引だけでは支払能力が問題にならず、不相当に高額、まったく不要といえない。③事業者は、支払遅滞、購入品に関する不自然な言動、親族からの申入れにより、認知機能低下についてある程度気づいていた。他方で、消費者が裕福と認識し、B₁らによる販売の認識がなかった。割賦取引もなく、支払能力に見合わない過剰取引の意図は感じられない。判断能力低下に乗じた販売ではない。

【3】高松高判平成20・1・29（判時2012・79）、第1審：徳島地判平成19・2・28（兵庫県弁護士会ウェブサイト）

●事例

　約60歳の女性が、呉服販売業者の店舗販売により、約1年5か月で63回にわたり合計約2750万円の着物等を購入した事例。解約分を含めた71件のうち、一件当たりの代金額が100万円を超えるものが14件含まれていた。

　なお、消費者は、当該事業者との契約に並行して、当該事業者を含む合計12の事業者から123回にわたり合計約6000万円の着物やアクセサリー等を購入していた。

　消費者は、肝性脳症による精神神経障害を発症していた可能性があると指摘された。日常生活で奇矯な立ち振る舞いがみられていたが、親族は医療機関に受診させたり行動を監視したりせず、家計の管理を任せていた。

主婦であり、収入は自己の障害者年金及び夫の年金があった。資産は、不動産のほかに夫の預貯金のみ。過去の浪費行為は認められない。

頻繁に来店して長時間を過ごし、店員に「夫に内緒で着物等を購入している」と話すなどした。事業者主催の旅行会等に参加していた。

約2200万円分の取引につき信販会社とのクレジット契約を利用。信販会社の与信枠に余裕がなくなった後に別の信販会社とのクレジット契約が利用された。着物等の大半は着用されず保管されていた。

●判断

一定時期以降の契約につき公序良俗違反・不法行為の適用を肯定。肯定範囲は、取引状況、購買行動の異常性の原因、事業者における異常性の認識可能性・対応等を考慮。

過失相殺を否定（親族の購買行動の異常性等に対する認識可能性、事業者側の帰責性を考慮）。

①収入、資産、それまでの生活状況（過去の浪費行動が認められないこと）等に照らし、着用機会の乏しい高額な着物等を短期間に多数かつ重複したかたちで購入することは、それ自体が異常な購買行動（一件当たりの代金額が100万円を超えるものが解約済みを含めて14件も含まれている。現に未着用のままとなっている。）。取引の期間、回数、取引金額等の状況を考慮。②①の購買行動は、肝性脳症に伴う精神神経障害に起因する。③事業者は、支払原資となる資産の裏付けを確認していなかった。購買行動の異常性が一連の契約全体の内容・金額・経過自体から

明らかであること、頻繁かつ長時間の接客、第三者が異常性を
察知していたことから、事業者は消費者の精神的能力が到底正
常とはいえない状態にあることを認識することができたし、当
然これを認識すべきものであった。それにもかかわらず、購買
行動の異常性を何ら顧慮することなく取引を継続した。

【4】 大阪地判平成20・1・30 (判タ1269・203)

●事例

　60歳台の女性が、勤務先である呉服販売業者の社内販売によ
り、約３年で27回にわたり着物・貴金属等を購入した事例。

　一連の契約に伴うクレジット契約による債務総額は600万円
を、各月の支払額は20万円を超過していた。

　消費者は、一連の契約後に抑鬱状態等と診断された。

　夫と二人暮らしであり、生活費を稼ぐために事業者に就職し
た。月々、手取り約12万〜25万円の給与のほか、夫の年金等約
29万円の収入があった。自宅不動産があったが預貯金はほとん
どなかった。

　喪服が不要という理由でダイヤのリングに交換したことが
あった。支払のために複数の信販会社とのクレジット契約が利
用された。一部の着物等を仕事で着用するも、その余は使用さ
れなかった。

　事業者は、売上目標・給与体系等により従業員が自社商品を
購入しようとする環境を構築した。信販会社の審査が不許とな
ることを予見し、別の信販会社との契約を勧めた。

●判断

一定時期以降の契約につき公序良俗違反・不法行為の適用を肯定。肯定範囲は、月々の債務弁済額が平均月額給与の半分を超過することとなる契約以降。過失相殺を否定（契約締結の要因、使用状況を考慮）。

①一連の契約に基づく債務が極めて過大であり、資力等に照らして到底支払不可能であった。②使用状況に照らせば、一連の契約が購入意欲によるものとは言い難く、事業者の構築した職場環境に起因する。個人的な資質は原因ではない。③事業者は、社員割引の承認等を通じて購入回数、月々の支払額を把握し、さらには信販会社の審査不許となる程度に債務負担額が増大していることを認識していた。それにもかかわらず、売上目標の達成を徹底して求め、事業者の利益を図った。事業者の利益のために消費者の従順な人柄を利用し、購入を事実上強要した。

【5】 東京地判平成20・2・26（判時2012・87）

●事例

20〜30歳台の男性が、資格教材販売業者らによる勤務先への電話等による勧誘により、他の事業者を含め約12年で32回にわたり合計1100万円以上の資格教材を購入した事例（判断対象はこのうちの一部）。

教材価格は3、4万円程度で、内容や著者がほとんど不明であり、著者が誰であるかは事業者代表者も理解していないことがうかがえる。その内容には脈絡がなく、消費者の仕事と直接の関係が認められない。

消費者は、生真面目な青年であり、会社員として庶務部門の雑務を担当し、年収約400万円であった。

事業者は、「以前に受講した教材の課題が未提出なので、東京で平日セミナーに出席するか、教材を購入して自宅学習をしてもらう。どちらがいいですか」と二者択一で購入を迫った。消費者は、「課題が修了しているのに、何故勧誘が続くのか」と疑問を呈した。

事業者は、消費者の勤務先に早朝架電し、勤務中であり沈黙せざるを得ない消費者に対して話の内容を聞いているのかどうか質問するなどして困惑させ、購入させた。事業者は、教材の種類、内容、数量等の検討をしていない勧誘販売をした。

●判断

不法行為の適用を肯定。2割の過失相殺（拒否機会を考慮）。

①教材の内容及び著者名が不明。原告の年収に照らせば、他の事業者を含めた取引総額は、異様な金額といわざるを得ない。②①は、事業者の執拗な勧誘により困惑下にあって、その状況の継続により締結された。③事業者の勧誘は、組織的な違法行為の一環として行われた。執拗に電話をかけ続けて購入を勧誘し、困惑を利用したうえで契約を締結させた。

【6】大津地判平成20・2・28（公刊物未登載）

●事例

消費者が、呉服販売業者の店舗・展示会の販売により、約1年2か月で47回にわたり合計約1160万円の着物・宝飾品等を購入した事例。

第3章 | 裁 判 例

　消費者は、双極性感情障害（いわゆる躁鬱病）と診断された（一連の契約開始前に軽躁状態と診断）。一連の契約開始前、医師から高額買物の危険性等を注意され、その後も何度か同趣旨の注意を受けた。自らの躁状態を認識し、医師の注意も理解できていた。一連の契約後に自殺未遂を図ったが、一命を取りとめた。

　消費者は、会社経営者と同居していた。同居人経営の会社における経理等の仕事で月約20万円の収入があった（生活費は同居人の負担）。

　消費者には老後のたくわえとして管理形成してきた預貯金が約1000万円あったが、一連の契約に基づく支払等に使われてなくなり、さらに生命保険等が解約された。過去に高額の商品を購入することはほとんどなかった。

　頻繁に店舗を訪れ、店員と着物のこと等について話し、悩みを打ち明けて泣いたことがあった。人前で激しく泣いたり、大声で笑ったりしたことがあった。長時間滞在したり、店員に健康茶を販売したりすることもあった。

　母の形見としてすでに多数の着物を所持していた。

　消費者は、購入品であるペンダントの交換を申し出たことがあった。

　代金の支払のために信販会社とのクレジット契約が何度も締結された。消費者は、手数料負担を意識したうえで、1件を除くほかはいずれも支払回数1回を選択した。ただし、一定時期には「目の保養にさせてもらうだけにしとくわね」と述べ、長期分割払いを希望した。

153

消費者は、購入した着物を店舗や展示会に行く際に着用したが、ほかに正装する機会はなかった。

事業者は、消費者を店舗における販売会に案内したり、商品の購入を勧めたりするなどした。

事業者は、一連の契約開始前、第三者から、消費者の病状を告げられ、商品の販売の勧誘をしないことの申入れを受け、その後も同趣旨の申入れを数回受けた。事業者の担当者は、消費者から病気のこと等を聞いていたこと、現に消費者の感情の起伏が激しいことから、他の従業員らに対し、トラブル発生のおそれがあり商品を売らない方がよい旨を忠告した。

●判断

公序良俗違反の適用を否定。

一定時期以降・代金額10万円以上の契約につき不法行為の適用を肯定。肯定範囲は、判断能力低下・経済的に困窮するおそれを事業者が認識した時期以降の高額取引。

7割の過失相殺（精神症状の程度、自己の意思による取引、訪問販売ではないことを考慮）。

《不法行為》

①短期間に、着る機会がほとんどなく、購入の必要が乏しい、高額の着物等を多数回にわたって購入し、代金総額は約1159万円に上っている。このような購入は、収入や資産に照らして過大かつ不相当であり、浪費的な行動といえる。

②①は、躁の精神状態が影響していた。

③支払能力への不安を示した消費者の態度等から、事業者は消費者が経済的に困窮するおそれがあることを認識していた。

正常な判断能力低下による購入であることを認識することは、一定時期までの間は困難であった（精神症状が重症ではなかった。軽躁状態に特徴的な積極性、活動性、社交性の増大等は、むしろ健康に見える兆候ともいえる。来店時に積極的、活動的に振る舞っていた。試着等をしたうえで購入を決定し、説明を理解したうえで手数料のかからない一括払いを選択し、支払を滞りなく行っていた。経理業務を行い、特段の支障なく日常生活を送ることができていた。）。もっとも、その後の一定時期においては、財産管理能力の低下を認識することが可能であった（客観的にみて明らかに浪費的な行動、連日着物を購入するという異常な行動を取っていた。第三者による申入れ、事業者従業員による忠告、消費者等による病気の説明）。

買物に対する消極的姿勢、支払能力への不安を示したことから、事業者は、消費者に不測の損害が生じないよう購入の意思について配慮すべきであったが、経済的に困窮しないか等の配慮をすることなく購入を勧誘し、販売しており、その判断能力の低下を利用する意図があった。

《公序良俗違反》

精神症状の程度、事業者の当初の認識、消費者が好みで商品を選択して決めていたこと、誤認や困惑があったとは認められないこと、契約内容自体が著しく不当ではないこと。

【7】 大阪地判平成20・4・23（判時2019・39）

●事例

60〜70歳台の女性が、掛け持ちして勤務する複数の呉服販売

業者の社内販売により、B_1からは約7年で31回にわたり合計1029万円、B_2からは約2年2か月で12回にわたり合計約280万円、B_3からは約11か月で6回にわたり合計約238万円の着物等をそれぞれ購入した事例。

消費者は、当初B_1に就職し、次にB_2にも就職して勤務を掛け持ちし、さらにB_3にも就職をした。

消費者は、一連の契約のあとに抑鬱状態と診断された。

消費者は、すでに夫を亡くし遺族年金を受給していた。手取り給与と年金の合算で年約300万〜450万円の収入があった。

着物好きで、すでに相当程度の着物を所持していた。B_1の無料着付教室に参加し、そこで働くよう勧誘されてB_1に就職した。

消費者は、B_3に対し、着物パーティーでの着用のため、購入した着物について急ぎの仕立てを注文したり、気に入った宝飾品を一般顧客が購入しないよう予約して購入したりすることがあった。

一連の契約のうちの相当数につき、代金決済のために信販会社とのクレジット契約が締結された。

購入品の一部が勤務で数回使用されたが、それ以外の目的では使用されず、一切使用されないものもあった。

●判断

《B_1》

一定時期以降の契約につき公序良俗違反・不法行為の適用を肯定。肯定範囲は、販売の量、代金額、債務額、商品販売の継続期間により判断（債務支払額が給与収入に匹敵する状態が3年継続し、総販売代金額が800万円に近づいたあと）。過失相殺を否

定（購入の動機）。

①信販会社とのクレジット契約に基づく債務の支払額は、一定時期以降、B_1から得る給与とほぼ同額か、少なくとも7割以上の額であり、このような事態は生活に余裕がある場合あるいは趣味嗜好が高じている場合を除いては考えにくい。一連の契約は、消費者の年収・給与収入に比べて過大である。②購入は、勤務での着用目的、債務弁済のための歩合給獲得目的による。③B_1は、契約当事者・雇用主として売買代金額・クレジット契約に基づく債務負担額の程度を認識し、購入状況が過大であることに気づいていた。クレジット契約の申込書における記載内容から、消費者の収入がB_1の給与のほか年金であったことも認識していた。B_1は、収入に比して過大な購入により債務の支払が困難な状態に陥っていることを認識しながら、売上確保のため放置し、継続的に契約締結を行った。

《B_2・B_3》

公序良俗違反・不法行為の適用を否定。

①信販会社とのクレジット契約に基づく債務の支払額は、給与・年金でなお支払可能であった。消費者は、B_3との関係では、積極的に着物等を購入していた。B_1での事態を受けて、同じ状況に陥ることを避けることが十分に可能であった。③他社取引による債務の状況を認識していなかった。

【8】東京地判平成20・6・30（LLI/DB L06331585）

●事例

約50歳の女性が、呉服販売業者の店舗販売により、約8か月

で14回にわたり合計約1100万円の着物等を購入した事例。

消費者は、主婦であり、夫である税理士が経営する税務会計事務所の事務を手伝っていた。資産として自宅不動産の共有持分を所有していた。

事業者と提携関係にある紹介者は、完全予約制の販売会場に消費者を同行させた際、あらかじめ、「見るだけで、買わなくてもいいから」と伝えた。消費者は、同所に来場し、持参した現金により着物を購入した。消費者が同着物を近々着用したいと述べたことから、急ぎでの仕立てが手配された。その際、消費者は、信販会社に対するカード入会申込書に、自宅が自己所有である旨、配偶者の年収欄に2000万円と記入した。

一連の契約のうち8件につき信販会社とのクレジット契約が利用された。クレジット契約利用分以外、及び、クレジット契約利用分の一部の代金は、消費者が持参した現金により決済された。消費者の夫に一連の契約が発覚するまではクレジット契約による割賦金債務がおおむね順調に支払われていた。

消費者が紹介者・事業者従業員に対し、夫が後援する歌手のカセットテープを販売することもあった。

●判断

公序良俗違反・不法行為の適用を否定。

②（多額の現金を持参したうえでの）現金による代金支払状況、及び、割賦金の支払がおおむね順調に行われていた事情は、消費者が着物等を購入しようとの意欲をもって店舗を訪れ、自らの意思に基づいて一連の契約を締結していたことを強く裏付けるものということができる。③消費者によるカセット

第3章 | 裁 判 例

テープ販売等に照らせば、紹介者の執拗な勧誘を拒みきれな
かった旨の消費者の主張は不自然というほかない。

【9】大阪地判平成21・4・15（消費者法ニュース84・209、
　https://clnn.org/archives/hanrei/1499）、第1審：大阪簡判平成
　20・8・27（消費者法ニュース78・140、https://clnn.org/
　archives/hanrei/1346）

●事例

　60歳台後半の消費者が、宝飾品販売業者（補助参加人）の店
舗・展示会販売により、約10か月で9回にわたり合計約750万
円の宝飾品を購入した事例（判断対象はこのうちの8件目、ダイ
ヤプチネックレスを100万円で購入したもの。）。

　判断能力は年齢相応で特段の低下を疑わせる事実はない。

　消費者は、離婚し、二女と市営住宅で生活をしていた。無職
であり、年金を月々約7万7000円受給し、預貯金等の資産はな
かった。同居の二女の月収は手取り約16万円であった。

　消費者が事業者の店舗を訪れて4万円程度のチェーンネック
レスを購入したことをきっかけとして、事業者が来店の勧誘を
したこともあり、消費者は、少なくとも毎月1回以上は事業者
の店舗を訪れるようになり、事業者が主催する展示会に数回参
加した。

　消費者が来店した際、事業者が消費者に対して販売の勧誘を
し、消費者は商品の価格の交渉をしたり、「別の商品はない
か」などといったりして当該勧誘に応じていた。購入せず退店
することもあったが、宝飾品を購入することが多かった。これ

159

らの購買行動は、事業者の巧みなセールストーク、食事提供、プレゼントにより、勧誘を断り続けることが嫌であったという情緒的な理由に基づくものであった。

　一連の契約の代金決済として信販会社とのクレジット契約が利用された（手数料を含め負債総額約1000万円）。

　（公序良俗違反の判断対象の契約状況）事業者は、値札に300万円と表示されたダイヤの宝石を提示し、消費者は、そのような高価な宝石は買えない旨をいった。事業者は、「安くするから」といったうえで値引きした価格を提示し、消費者は、「もういらない」という趣旨のことはいったものの明確な拒絶をせず、値引きの話がされた。消費者は、早く帰宅したいこと、何度も断ることが嫌であったことから購入をした。

　同契約に関する割賦金について、手数料を含めた133万6000円のうち、5000円しか支払われていなかった。

　クレジット契約に基づく支払総額は、消費者の年金収入額を超えていた。

●判断

　公序良俗違反の適用を肯定。

　①年金収入に照らせば、代金総額（負債総額）は、客観的には消費者の支払能力をはるかに超える金額である。商品の代金額、商品の数、それによって負担する債務額等を考慮。②一連の契約締結は、勧誘を断り続けることが嫌であったという情緒的な理由に基づくもの。③事業者は、クレジット契約申込書の作成（「年金」「公団公営（賃貸）」）を通じて、消費者が無職で、年金以外の収入がなく、市営住宅に居住し、その他みるべき資

産等がないことを認識していた（事業者は、すでに7回の契約により支払代金総額が700万円を超えていることを認識していたはずである。）。それにもかかわらず、消費者が明確に断りきれずにいることに乗じて勧誘をして、販売を継続した。

【10】岐阜地大垣支判平成21・10・29（消費者法ニュース83・199）

●事例

大正生まれの女性が、事業者の勧誘により、約1年で3回にわたり合計約48万円の美術品の掲載・出展契約を締結した事例。掲載された本の流通等に関する契約内容は不明であり、事業者の義務内容が不明確である。

なお、他の3件の事業者との間に約6年で55回にわたり合計約2600万円の同様の契約が締結されていた（他の事業者との間では和解済み。）。

アルツハイマー型老年期認知症により判断能力が低下していた。

すでに夫を亡くし、一人暮らしをしていた。特に資産家ではなかった。

消費者は、事業者との間の契約開始から約4年半前、別の事業者から手紙や電話で作品展への出展を勧誘され、当該別の事業者との間で、約6年で31回にわたり合計約1800万円の掲載・出展契約を締結し、同代金を支払った。その間、消費者は、さらに別の事業者らからも勧誘を受けるようになった。

事業者は、無思慮の状態の消費者を必要以上に褒め称え、契

約させた。

●判断

公序良俗違反の適用を肯定。

①他の複数の事業者らとの間の一連の契約は、公序良俗に反する（消費者が特に資産家であるとの事情が認められず、消費者の収入、資産状況からみても著しく不相当に多数・多額の契約を締結していた。契約金額、消費者の年齢、契約の内容、事業者の義務内容が明確ではないことなど。消費者の無思慮に乗じて不当な利益を得ていた。）。本件は、他事業者による契約態様とは無関係であるということはできない（他の複数の事業者らとの間の契約が締結されている最中に締結されていること、他の事業者らとの間の契約を認識し得る立場にあったこと、無思慮の状態である消費者を必要以上に褒め称えて高額の契約を締結させる態様が共通していること）。

②判断能力が低下していた。

③事業者は、美術家年鑑に掲載された作家等に勧誘しており、消費者と他の事業者らとの間の契約があることを認識し得る立場にあった。無思慮の状態に乗じて、消費者を必要以上に褒め称え、高額の契約を締結させ、不当な利益を得ていた。

【11】福岡地判平成22・7・7（消費者法ニュース86・136、https://clnn.org/archives/hanrei/1544）

●事例

70歳台後半の女性が、婦人用品販売業者の店舗販売により、約半年で合計約1290万円の婦人服等114点を購入した事例。

購入品は、セーター22点、靴15点、スカート13点など同種別の種類が多数にわたっている。50万円以上の高額商品が 2 点、10万円以上の商品は40点ある。

消費者は、双極性気分障害、軽度認知症に罹患し、多弁、多動、散財の躁状態にあり、判断能力が十分ではなかった。

消費者は、すでに夫を亡くし、二男の妻と同居していた。消費者の長男と三男は医師であった。

年金及び賃貸アパートの家賃収入等で月約47万円の収入があった（他方、賃貸アパートのローン等16万円を含む支出は、収入とほぼ同額）。資産は、自宅不動産、賃貸アパートのほか、預貯金約200万円等があった。同窓会・親族の集まり・法事へ出席する用事があった。

以前にも、他の事業者による訪問販売によって、住宅リフォーム工事や健康関連商品で金銭を支出していた。

信販会社の提携カードを作る際、事業者は、消費者から、亡くなった夫が開業医であったこと、息子らが医師であること、不動産物件を所有しており毎月40万〜50万円程度の賃貸収入があること、預貯金があること等を聞かされた。それ以降、消費者は頻繁に店舗を訪れ、長時間滞在することもあった。

消費者に売買契約書等が交付されておらず、消費者は売掛金やクレジット契約による支払総額がいくらになるかまでは理解していなかった。

一連の契約の代金決済は、現金払いのほか、信販会社とのクレジット契約、事業者への掛け払いが利用された。ただし、現金払いは約51万円分にすぎず、大半がクレジット契約及び掛け

払いによるものであった。

　支払能力に疑問を抱いた事業者は、掛け払いによる債務をクレジット利用に切り替えさせたり（一部審査通らず）、生命保険解約が話題に出た際には定期預金解約を勧めたりした。消費者は、事業者に対し、生命保険から借り入れた旨を告げて売掛金の支払をすることもあった。

　事業者は、親族から販売中止の申入れを受けたが、なおも販売を継続した。

●判断

　一定時期以降の契約につき公序良俗違反の適用を肯定し、不法行為の適用は否定。肯定範囲は、事業者が消費者の支払能力に疑問を抱いた時期以降。

《公序良俗違反》

　①消費者の年齢や収入、資産状況、生活状況、判断能力、取引対象商品の必要性（生活に必需ではないこと、同種別の商品が多数にわたること、高級品が相当数あること、高齢であり社交の場にそれほど出ないこと）に照らし、取引の頻度、総量が過剰・過量なものであった。②判断能力が十分ではなかった。③事業者は、頻繁かつ長時間の接客を通じた消費者の言動等から、消費者の判断能力が十分ではなかったことを知り得た。生命保険解約が話題に出たり、クレジット利用に切り替えようとしたりしており、消費者に通常収入による十分な支払余力がないことを理解し、支払能力に疑問を抱いていた。債務総額を判断し難い態様による取引が、不相当である。

《不法行為》

第3章｜裁判例

商品代金を明示しなかったと認められないこと、支払能力の点を確定的に認識していたとまではいえないこと、消費者の意思で頻繁に来店していたこと等を考慮。

【12】奈良地判平成22・7・9（消費者法ニュース86・129）
●事例
　大正生まれの女性が、呉服・貴金属販売業者の店舗・展示会販売により、約7年6か月で87回にわたり合計約3600万円の呉服、貴金属、絵画等を購入した事例（判断対象は一連の契約が開始されてから約1年5か月経過以降のもの。）。

　消費者は、アルツハイマー型認知症により財産管理能力が低下していた。一連の契約が開始されてから約4年数か月後、2時間前に何をしていたか思い出せなくなり、医師によりアルツハイマー型認知症と診断され、投薬が開始された。

　消費者は、当初は夫とともに長男夫婦との二世帯住宅に同居し、夫と死別後も同所に居住していた。二世帯住宅であるが家計が別々であるなど基本的には別々の生活であった。

　消費者には年金月約22万円の収入があった。資産は自宅不動産持分のほかに預貯金が数千万円あったと推定されるが一連の契約の終盤においてほぼ底をついた。

　消費者は、毎日のように事業者の店舗を訪れていた。店舗に長時間滞在し、店員から食事提供を受けるなどし、店員を個人的な友人と思い込むようになった。事業者主催のパーティーに着物を着用して出席することがあった。

　消費者は、句会に所属して月に数回出かけるほかは、ほぼ自

165

宅で生活していた。過去に、着物、宝飾品、絵画等の購買・鑑賞・使用の趣味、これらを購入することによる浪費の性癖や傾向があったと認められない。

一連の契約に並行し、別の事業者との間で、シロアリ駆除の必要性がないコンクリート住宅についてのシロアリ駆除の依頼、浄水器・寝具・健康食品等の購入があった。

消費者は事業者の店舗や催事場へ自ら出かけた。事業者は「気に入ったのなら買っていただけますか」と勧めた程度であり無理な勧誘はしていなかった。

着物2着は使用の形跡があるが、その他の着物、宝飾品、バッグ、絵画等は使用した形跡がなく保管されていた。

●判断

一定時期以降の契約につき公序良俗違反の適用を肯定（公序良俗違反の適用が否定される範囲につき不法行為責任も否定）。肯定範囲は、消費者の財産管理能力が明らかに減退した状態であることを事業者が知ることができた時期以降。

①強い希望や必要性のない商品の大量取引により、老後の生活に充てられるべき流動資産のほとんどを費消した。高齢で、今後収入・資産が増えることのほとんど考えられない消費者にとって、預貯金が底をつくほどの購買は、大きな浪費ということができる。②財産管理能力が認知症のため低下していた。嗜好品であるとはいえ、消費者の購入動機が強い希望・欲求や必要性に基づいたとは到底考えられない。③事業者は、頻繁かつ長時間の接客を通じて消費者の能力に問題があることに気づくことができた。財産管理能力の低下を知りながら、個人的に親

第 3 章 ｜ 裁 判 例

しい友人関係にあるかのように思い込ませ、これを利用し、購
入させた。

【13】東京地判平成23・11・28（判タ1390・263）

●事例

　約40歳の男性及びその母親である70歳台の女性が、複数の販
売業者の訪問販売により、B_1からは約 2 年 8 か月で合計約970
万円※の浄水器 3 台、浴室用温浴器 3 点、健康食品 3 点等を、
B_2からは約 7 か月で合計約600万円※の掛布団 3 点、敷布団 3
点、掛肌布団（ママ） 3 点等を、B_3からは約120万円の健康食
品 4 点、羽毛布団 1 点を、B_4からは約 3 か月で約150万円の空
気清浄機 3 点等をそれぞれ購入した事例（※分割手数料を含
む。）。

　男性は身体化障害（精神疾患の一種）を発症し、精神遅滞（正
常人と軽度精神遅滞の境界線級）と診断されたが、一連の契約当
時判断能力を欠いていたり、又は著しく不足したりしている状
態であったとまでは認められない。母親は、腎不全等を患って
いたが、一連の契約当時判断能力を欠いていたり、又は著しく
不足したりしている状態であったとまでは認められない。

　母親はすでに夫を亡くし、消費者両名は、母親所有のマン
ションに男性の兄（母親の子）との 3 名で居住していた。

　消費者両名は無職であり、母親の月約11万円の年金、男性の
兄の月約20万円の給与収入があった。母親が自宅マンション等
の資産を保有していたほか、合計1300万円を超える預貯金が
あった。

167

母親が死亡するまでは、契約名義にかかわらず、家族3名全員での利用に供するものとして契約がされていた。

　（B₁との取引）健康関連商品について母親が関心を抱いていた。母親が、すでに買い受けた商品の変更を依頼し、男性との間で新たな契約が締結されることがあった。男性を当事者とする契約が締結された際、母親の指示により男性が男性名義の口座から現金を出金し、事業者に支払ったことが複数回あった。契約の際にクーリングオフの説明等に関する確認書が作成・交付された。商品は日常的な利用に供された。

　（B₂との取引）代金決済のためにクレジット契約を締結することになった際、事業者が、無職であった男性に対し、過去の勤務先を記載するよう助言した。勧誘担当者とは別の担当者が男性に電話確認をしたところ、男性が「商品を昨晩使ってみたが大変に良かった」と回答したが、念のためカスタマーサービスの番号やクーリングオフが案内された。男性は、分割手数料を低額に抑えるためにカスタマーサービスに対して支払方法の変更の依頼をした。別の電話確認の際、男性は、「商品は3人家族分で支払も大丈夫である」という返答をした。

　母親が亡くなったあとの取引について、男性は電話により、無理に勧められていなかったかを確認されて「それは無かったですね」と、取引内容に問題がなかったかを確認されて「大丈夫」と返答したが、いずれも念のためカスタマーサービスの番号やクーリングオフが案内された（男性は、クーリングオフの制度を利用しなかった。）。商品が利用された。

　一連の契約ののち、B₂の内部において、母親の死亡及び男性

の就労状態等が考慮され、以後男性に関わらないよう注意がされ、その後は勧誘がされなかった。

（B₃との取引）契約の翌日、母親が男性に現金を引き出させたうえで代金を支払った。契約の際にクーリングオフの説明等に関する確認書が作成・交付された。

（B₄との取引）事業者が男性に対し執拗に勧誘し、男性が類似製品を購入したばかりである旨を述べて契約締結を拒んだが、契約が締結された。また、母親が亡くなったあと、浴室浄水器等の販売が勧誘された。男性は、母親と同様に健康関連器具等に興味をもっていたとは認められない。契約の際にクーリングオフの説明等に関する確認書が作成・交付された。男性はB₄に対してはクーリングオフの制度を利用したことがあった。

●判断

B₄との契約につき不法行為の適用を肯定。B₁、B₂、B₃との契約につき不法行為の適用を否定し、B₂との契約につき公序良俗違反の適用を否定。

《B₄以外》

①いずれも著しく不当な過量販売であるとまでは認め難い（B₁：いずれも高額で取引の量も多い。他方、母親の健康関連商品に対する購入意欲、商品の使用実績、預金合計額と契約金額総額の対比、大部分について現金決済されており割賦金債務が残っていないこと、事業者に他社取引に対する認識が認められないことを考慮。B₂：いずれも高額で現在も割賦金債務が残っている。他方、各商品がそれぞれ用途の異なる商品であること、電話確認の際の男性の返答状況や使用実績から男性は購入の意思決定に問題がなかった

認識であったこと、事業者が念のためにクーリングオフ等の案内をしたこと、男性が支払回数変更の電話連絡をしたこと、事業者が自主的に取引を終了させたこと、消費者両名らの資産状況、事業者に他社取引に対する認識が認められないことを考慮。なお、クレジット契約に関する虚偽記載の誘導は、商品購入に対する男性の意思決定が妨げられたとか、契約自体の効力を否定すべき事由とまでは認められない。B_3：現金で決済されたこと、消費者両名らの資産状況、事業者に他社取引に対する認識が認められないこと等を考慮。)。

②消費者両名につき、一連の契約当時判断能力を欠いていたり、又は著しく不足したりしている状態であったとまでは認められない。

③各事業者が勧誘を受ける意思のない消費者両名に対して強引な言辞等を用いて勧誘をしたとは認められない。クーリングオフに関する説明がされ、男性の判断能力の欠如や不足状態につけ込んで勧誘をしていたとは認められない。取引の過剰性について事業者が認識を有していなかったことを否定することは困難である（家族3名の利用に供するための取引でありその資産全体を原資とするものであったこと、居住地が西新宿のマンションであること、現金払いの状況等）。

《B_4》

①不必要かつ高額の取引。事業者の取締役がB_1・B_3の従業員として取引に関与しており、担当者において他社取引の認識があった。②一連の契約当時判断能力を欠いていたり、又は著しく不足したりしている状態であったとまでは認められない。男性は、執拗な勧誘行為に基づき取引を強いられた。③事業者は

勧誘を受ける意思のない男性に対する強引な言辞等を用いた勧誘をした（購入の拒絶、商品への興味関心）。

【14】東京地判平成24・7・27（2012WLJPCA07278018）

●事例

消費者（会社を定年退職）が、呉服販売業者の展示会販売により、約2年で10回にわたり合計約300万円の宝飾品等を購入した事例。

消費者は、一連の契約後に成年後見が開始されたが、契約当時の判断能力が低下しているとは認められない。

消費者は、生命保険会社を定年退職し、月約33万円の年金収入を得ていた。世田谷区内の住宅ローンのない戸建住宅に居住していた。

事業者と消費者とは、呉服や宝石類等の小物の取引として約27年間の交際があった。売り手と買い手を超えた個人的信頼関係があり、グループで3回海外旅行に一緒に行った。

消費者は、華道をたしなみ、ゴルフ、旅行等を趣味としていた。

消費者は自ら会場を訪れて各購入に及んだ。

●判断

公序良俗違反の適用を否定。

①消費者は社会的経験が豊富な資産家であり、月収もそれなりに得ていたから、その生活状態等に照らし直ちに過量販売とは認められない。②判断能力が低下しているとは思われない。③断ろうとしても断りきれなくなっていることに乗じた販売が

された事実の立証は不十分。

【15】 東京地判平成24・9・13 (2012WLJPCA09138009)

●事例

　30歳台後半の男性が、健康器具等販売業者の訪問販売により、約1年6か月で11回にわたり合計約650万円の寝具、ネックレス、ブレスレット、空気清浄機、アルカリイオン整水器、サプリメント等を購入した事例。

　消費者は、軽度精神遅滞（知能指数61）と診断され、財産管理能力に制限があると判断された。

　消費者は、すでに両親及び兄を亡くし、ひとり（独身）でアパートに居住していた。中学卒業後、町工場で十数年勤務したが退職した。

　必要最小限の買物をする以外はほとんど外出せず、過去に高額買物をした経験は見当たらない。新聞勧誘員の勧誘を受けて3社から新聞を購読したことがあった。

　4000万円余りの預金があったが、一連の契約後は約2600万円に減少し、その後ほとんど残らない状態になった。

　取引時に作成された確認書の記載は事業者に誘導された形跡がある。一部の商品は使用又は費消されていた。

●判断

　不法行為の適用を肯定。7割の過失相殺（商品の返還状況、商品の使用・費消状況、過去の社会経験、拒否機会等を考慮）。

　①消費者の単身生活には必要であるとも思われない高価な寝具等を次々に購入している。②訪問販売員の勧誘の際の説明や

文言を合理的に判断する能力が欠け、取引に関する自己の意思を的確に表明できないまま、勧誘を断りきれずに受け入れてしまった。③事業者は、消費者の判断能力等の不足を容易に知り得た。

【16】 東京地判平成25・4・26（消費者法ニュース98・311）

●事例

　70歳台の消費者が百貨店の店舗販売により、約4年6か月で169回にわたり合計約1100万円の婦人服等280点を購入した事例。

　消費者は、一連の契約後にアルツハイマー型認知症と診断された。

　消費者は、独居・独身であり、すでに仕事を引退していた。

　一連の契約開始当時の預貯金は約5800万円であったが、一連の契約後には約4200万円に減少した。

●判断

　公序良俗違反の適用を否定。なお、同一商品を3点購入した時点以降（最後の約1年間）については意思無能力により無効と判断されている。

　③事業者が、アルツハイマー型認知症により判断能力等が衰えていた消費者の状況を知り、又は少なくとも知り得べき状態にあったとはいえない。

【17】 東京地判平成26・1・29（2014WLJPCA01298018）

●事例

　女性が、呉服販売業者（補助参加人）の展示会販売（代行販

売を含む。）により、約 5 年で38回にわたり合計約4000万円余り
の呉服約27着等を購入した事例（判断対象は、このうち終盤の約
10か月で行われた 3 回にわたる合計420万円の契約）。

　消費者は、借家に居住していた。相続により不動産及び4000
万円余りの預金を相続したが、預金は夫の会社の赤字補塡に費
消され、不動産にも担保設定された。夫の会社の取締役として
登記されていたものの無報酬・無給で、まったくの無収入であ
り、息子から月 5 万円の支援を受けて生活していた。

　一連の契約について当初の決済方法は一括払いであったが、
その後分割払いとなり、次第に支払期間も長くなるなどした。
割賦金の支払が遅滞することもあった。判断対象の取引当時
は、割賦金債務が月々30万円前後以上となった。当初の一括払
いによって預貯金が底をついたのち、割賦金債務を息子が支
払っていた。

　消費者は、足が悪く、着物の着用機会は事業者主催の展示会
程度であった。消費者が夫の会社の仕事のために呉服を着用す
る機会はなく、そのことが事業者に説明されていた。商品の相
当数は使用されなかった。

●判断

　公序良俗違反の適用を肯定。

　①割賦金が支払能力を超過し、消費者の日常生活において通
常必要とされる分量をすでに著しく超えている。③事業者は、
消費者が無収入であり、割賦金債務の支払能力を有しないこと
を知っていた。事業者は、取引の過剰性、及び、割賦金債務が
支払能力を超えることを知りながら契約の締結等を行った。

【18】 東京地判平成26・2・17 （2014WLJPCA02178006）

●事例

60〜70歳台の女性が、呉服等販売業者の訪問販売により、約12年で分割手数料含めて合計4000万円超の着物等を購入した事例。

消費者には、熊手飾り職人として在宅していることが多い夫がいた。夫が経営する店舗に勤務し、年間約50万〜100万円程度の給与収入があった（なお、夫の所得は年間約200万〜270万円）。

消費者は、自治会役員として着物を着る機会があり、着物に関する知識もあった。

事業者の代表者が消費者の夫が経営する店舗で物品を購入したことをきっかけとして、消費者が事業者から着物を購入するようになった。上記一連の契約の前にも着物を購入したことがあった。

消費者は、事業者と食事をしたり、事業者とともに複数回旅行に行ったりした。消費者やその夫は、事業者が訪問する際に、事業者のためにお土産を用意したり、食事を振る舞ったり、近所の飲食店の順番待ちをしたりした。

信販会社とのクレジット契約が締結された。信販会社から消費者に対する意思確認が行われたが、消費者が契約のキャンセルやクーリングオフの話をすることはなかった。割賦金債務の支払は継続して行われた。

事業者が消費者宅を訪問する際は、必ず事前に電話をしていた。

●判断

公序良俗違反・不法行為の適用を否定。

①一連の契約開始当時61歳という年齢、年300万円程度又はこれに満たない程度の世帯所得。職業や自治会役員であることから着物の着用機会や知識があり、購入の必要性がまったくなかったとはいえない。取引期間が約12年、支払手数料を含めて4000万円を超える支払債務総額であるが、割賦金債務が継続的に支払われており支払能力に大きな問題があったとも認められず、消費者の支払能力を著しく逸脱する売買であったとも解されない。着物、アクセサリー、バッグ、洋服は時と場合に応じて使い分けるのが通常であり、同一品目の複数購入自体が不自然・不合理とはいえない。③訪問の事前連絡、夫の在宅に照らし、無理矢理の訪問や買うまで居座ったとまでは認められない。食事、旅行、もてなし等の状況から、強引な勧誘があったとは認められない。

【19】 津地判平成26・9・29（消費者法ニュース102・341）
●事例

68〜69歳の女性が、事業者の展示会販売により、約1年2か月で合計3000万円超の宝石類を購入した事例。

消費者は、鬱病治療のため通院し、重要な財産の管理処分には常に援助を要すると思われる旨の診断を受けていた。

消費者は、すでに夫を亡くし、一人暮らしをしていた。会社の取締役であり、給与と年金で年間約420万円〜520万円の収入があった。夫の死亡に伴う給付金その他金融資産があった。

事業者は、毎週のように展示会を実施し、消費者に対して電

話で参加するよう執拗に勧誘をし、購入を勧めていた。

消費者の希望により当初は現金払いで取引されていたが、現金で支払えなくなり、信販会社のクレジット契約が利用されるようになった。割賦金債務の支払は、月30万円〜60万円を超えるようになっていた。

クレジット契約書に記載された年収額が訂正されていたり、実際の額の2倍以上の金額が記載されたりしており、当該訂正は事業者の誘導と推認される。

●判断

一定時期以降の契約につき公序良俗違反の適用を肯定。肯定範囲は、既存取引額、支払能力超過、事業者の認識可能性を考慮。

①70歳近い高齢者であること、すでに税込年収（年金含む。）の3倍近い商品を販売していたこと、クレジット契約利用は現金で支払うことができない状況にあったためになされたものであること、割賦金債務の支払額が消費者の税込年収を超えていたこと等。③事業者は、消費者の年収額を十分認識し得た。事業者は、消費者のその余の収入や資産について確たる情報を得ていたわけではなく、すでに夫と死別し、年齢も70歳近い状況からは、通常第一線で活躍しているとは考え難く、その収入も限られていると推察できた。割賦金債務の支払額が消費者の税込年収を超える契約を締結させるため虚偽記載をさせ、その後も電話で執拗に来訪を要請し、商品を勧誘した。

【20】 大阪高判令 1・12・25（判時2453・23）、第 1 審：大阪地堺
　　支判令 1・5・27（判時2435・62）

●事例

　34歳の男性が、宝飾品販売業者の店舗販売により、約 2 か月
半で 6 回にわたり合計約300万円の天然石を使用した宝飾品を
購入した事例（なお 7 回目の契約は解約済み）。

　消費者の判断能力に特段の問題はなかった。

　消費者は、 4 年制大学を卒業し、会社員（非正規社員で賞与
の支給なし）としてシステム開発に従事していた。高額商品を
現金払いで購入できるほどの預貯金はなかった。

　消費者は、店舗で販売されていた天然石に興味をもって自ら
入店し、事業者の勧誘を受けて 1 回目の契約を締結した。事業
者は、消費者に対し、購入した天然石の「浄化」を理由として
店舗への来訪を要請した。こうして来店した消費者に対して事
業者が商品の購入を勧誘する方法により、 2 回目から 6 回目の
契約が締結された。

　ごく一部を除き代金の大半はクレジットカードにより決済さ
れた。

　 2 回目の契約の際、消費者は、商品に興味をもったが、高額
であるため購入することを躊躇していた。購入後は代金決済の
ために複数回店舗を訪れるなどした。

　 3 回目の契約以降、消費者は、事業者に対し、高額であるた
め購入できないことなどを伝えたり、断ったりした。事業者は
数時間にわたる勧誘等を行った。

●判断

1回目及び2回目の契約につき不法行為の適用を否定し、3回目以降の契約につき不法行為の適用を肯定。過失相殺は否定（消費者に軽率さがあるとしつつも事業者の勧誘の悪質性等を考慮）。

《1回目》

　詐欺行為等は認められない。

《2回目》

　①消費者は、非正規社員であり、現金払いで購入できる預貯金はなく、消費者にとって108万円の代金は高額であり、その給与からは非日常的な高価な買物であった。他方、消費者は、商品に興味をもち購入意思があった。現に契約を解消する旨を述べずに複数回にわたり来店して支払方法を算段していたことから、商品を購入したいという強い意思があった。その直後に正規社員になっていることからしても通常の生活を送りながら完済することは可能であった。②判断能力に特段の問題はなく、消費者の支払可能との判断に基づく購入であった。③違法な勧誘行為は推認されない。

《3回目以降》

　①消費者は、非正規社員で賞与が支給されず、すでに2回目の契約に基づく代金がなんとか支払可能となる状態であり、その経済力からはさらなる契約がその生活を圧迫し、支払不能の状態に悪化させてしまう状態であった。3回目の契約により毎月の支払額が約10万円になり、支払を継続することは不可能であった。商品は、高額で、その生活に必ずしも必要がないものであった。②消費者は、代金の支払について正常な判断能力を失った状態にあった。③事業者は、消費者の経済状況を十分に

把握できたものといえ、さらなる契約が生活を圧迫し、支払不能の状態に悪化させてしまうことを容易に知ることができた。支払困難となることを予見しながら、消費者の商品に関心をもつ気持ちにつけ入って、代金の支払ができないことについて正常な判断ができる状態にないことに乗じて、契約を締結させた。販売方法は、「石がお経を聴いて強い力を持っている」などと虚偽を告知し、商品価格について不実告知があるといってよいほどの説明をする、購入できないと述べて断っていた消費者に2時間位の勧誘をする、特別な減額を強調するなどというものであった。

【21】 東京地判令2・1・29（判時2503・33）

●事例

60〜80歳台の男性が、宝飾品等販売業者の店舗販売により、約13年8か月で221回にわたり合計約6500万円の宝飾品等を購入した事例（判断対象は、このうち最後から約7年の174回・合計約5600万円分。）。

消費者は、一連の契約終了後、アルツハイマー型認知症及び脳血管障害との診断を受けた。一連の契約開始後、その判断能力は、高額な取引をするのに必要な能力という観点からはすでに相当程度低下していた。

一連の契約の開始当初、消費者は妻と同居していた。消費者の長男が消費者夫婦の面倒をみるため同一敷地内の離れに転居した。その後、消費者の妻は介護施設に入所した。

消費者と販売担当者とは、一連の契約開始時点においてすで

に約25年にわたるつきあいがあり、消費者がほぼ毎日販売担当者宅に滞在し風呂に入るなどの生活をすることもあった。

消費者には年間約150万円程度の年金収入があったほか、年間手取り数百万円の不動産賃料収入があった。一連の取引終了後、固定資産税評価額合計2億円超の不動産を所有していた。

消費者が割賦金の支払を遅滞させた形跡はない。

●判断

一定時期以降の契約につき不法行為の適用を肯定。3割の過失相殺（消費者の拒否機会、長男の落ち度を考慮）。

肯定範囲は、消費者の判断能力が低下し、事業者がそれを認識し、又は容易に認識し得た時期以降。

①商品の種類や分量、回数、期間、消費者の年齢や収入といった生活状況等に照らすと、客観的にみれば、高齢の男性である消費者にとって、その生活に通常必要とされる分量を著しく超えた過大な取引であった（贈答や着飾る趣味があっても否定されない。）。②消費者の判断能力は、高額な取引をするのに必要な能力という観点からはすでに相当程度低下していた（企画された旅行への参加はこれを左右しない。）。③販売担当者・店長は、商品の分量等を認識しており、消費者の生活に通常必要とされる分量を著しく超えた過大な取引であることを認識していた。販売担当者・店長は、日常生活における密接な関係、接客、取引内容のチェックを通じて消費者の判断能力の低下を認識し、又は容易に認識し得た。取引をいったん中断すべき注意義務を負っていたのに継続した。

【22】 東京地判令 2・6・30 （2020WLJPCA06308002）

●事例

　70歳台の女性が、宝石等販売業者の店舗販売により、約 3 年 8 か月で32回にわたり合計約4800万円の宝飾品を購入した事例。

　消費者はアルツハイマー型認知症であると診断された。ただし、「何らかの認知症を有するが、日常生活は家庭内及び社会内にほぼ自立している」と判定された。

　消費者は、自宅において母親とともに暮らしていた。すでに銀行を定年退職し、年約500万円の年金収入があった。同居の母にも年金収入があった。資産は、住宅ローンの支払を終えた自宅不動産のほかに、一連の契約終了時点において約3000万円の預貯金があった。

　消費者は、事業者が営業するサロン（店舗）をたびたび訪れ、店長の勧誘を受け、宝飾品を購入するようになった。消費者は、値下げ交渉をして値下げ後の値段で購入したり、支払方法や支払回数を決めたりしたことがあった。割賦金債務の遅滞はなかった。

●判断

《公序良俗違反・不法行為》

　公序良俗違反・不法行為の適用を否定。

　①商品の分量、回数、期間、消費者の年齢や収入といった生活状況等に照らすと、客観的にみれば、消費者にとって、その生活に通常必要とされる分量を著しく超えた過大な取引であった。他方、消費者の収入や資産は年金収入のある母親と 2 人で生活するには余裕があり、一連の契約により支払不能や生活の

困窮に陥る状況になく、現に割賦金債務の支払を遅滞した形跡もない。②消費者の判断能力は、高額な取引をするのに必要な能力としてはある程度低下していたものの、自由に判断する能力も残されていた。消費者が自由に形成された意思に基づいて一連の契約をした（消費者の購入時の行動、商品が一点ものであり複数の物を購入することもあり得ること）。③事業者は、一連の契約の状況を把握しており、それらが高齢の消費者にとって、その生活に通常必要とされる分量を著しく超えた過大な取引であることを認識していた。事業者の勧誘行為の態様に著しい不当性があるとは認められない。

《過量契約取消権》（判断対象は改正法施行後の契約）

　過量契約取消権による取消しを肯定。

　既存の契約の回数、支払総額、消費者の年齢や収入といった生活状況、1回当たり100万円を超える契約の回数などに照らせば、既存の契約の分量等はすでに消費者にとって通常想定される分量を著しく超えた過大な取引であった。

【23】東京地判令 4・11・1（LLI/DB L07732728）

●事例

　消費者が、インターネットオークションにより、10日間で合計約175万円の衣服等（34点）を購入した事例（判断対象は、電話がされたあとのアウター3点・バッグ1点に係る契約）。

　商品が立て続けに落札されたことから、事業者は、消費者に電話をかけ、いたずらではないかを確認した。

●判断

《過量契約解除権》

　過量契約解除権による解除を否定。

　電話勧誘行為が認められず、電話勧誘販売に該当しない。

　過去の購入商品を考慮に入れるとしても、価格帯、用途、色が異なることから過量性を否定。

【24】 東京地判令5・1・31 （D1-law29075564）

●事例

　約80歳の女性が、百貨店の店舗販売、訪問販売、バスツアーを伴う展示会販売により、約7年で合計約370万円の宝飾品等16点を購入した事例（事業者との取引総額は、これらを含み約7年で約1820万円に及ぶ。）。

　消費者は、すでに夫を亡くし、専業主婦として一人暮らしをしていた。

　事業者（百貨店）の外商担当者は、消費者の夫の生前から消費者宅に定期的に出入りして商品を販売していた。外商担当者は、消費者の自宅を訪問し、事業者が開催する催事の案内や商品の紹介等をしていた。事業者は、一連の契約後に消費者の娘から勧誘しないことの申入れを受けた。

●判断

《公序良俗違反（前半の8点）》

　公序良俗違反の適用を否定。

　通常の商取引の範囲を超える態様で契約が行われたとはいえないことなど。

《過量契約取消権（後半の8点）》

過量契約取消権による取消しを否定。

目的・用途が異なる商品が含まれておりこれらをすべて同種の物品と評価することはできないこと、以前から事業者の外商部との取引があり2年間の購入実績が140万円以上500万円未満のランクにあったという生活状況に照らせば、消費者にとって通常の分量等を著しく超える過量販売に当たるということはできない。

【25】 さいたま地熊谷支判令5・2・14（消費者法ニュース136・211、https://clnn.org/archives/hanrei/2577）

●事例

消費者（筆者注：高齢と思われる。）が、健康飲料等販売業者の店舗販売により、約1年半で9回にわたり合計約910万円の健康飲料744瓶、及び、事業者の提供する酵素風呂を回数無制限で利用できる権利2名分（消費者及び消費者の子の分）を合計324万円で購入した事例。

なお、健康飲料744瓶のうち、半分の372瓶が最終の1回で購入されており、そのうち348瓶が納品されていない。

消費者は、知人の紹介により事業者の店舗を訪れて酵素風呂を利用するようになり、その後は回数券を購入して週に2回程度利用していた。店舗で体に良いとして紹介された健康飲料（プラセンタエキスを含み、1瓶1万2000円（税別））を購入するようになった。その後、消費者の子も酵素風呂を利用するようになり、事業者から紹介をされて回数無制限で利用できる権利2名分の購入に至った。消費者は自動車又は自転車により事業

者の店舗を訪れていた。

　消費者は、受領した健康飲料396瓶をすべて飲用して費消した。消費者は、利用権を購入後、おおむね週2回の頻度で酵素風呂を利用した。

●判断

《健康飲料》

　未受領分に係る契約につき不法行為の適用を肯定。

　①未受領の348瓶は14年6か月分に相当し、一度に購入する量としては過大である。消費者の年齢（筆者注：高齢と思われる。）からすれば、多めに飲用するとしても過大であることに変わりはない。②消費者が当該分量を購入する理由が見いだし難い。③当該購入は事業者の積極的な勧誘に応じて行われたことが推認される。

《酵素風呂の利用権》

　消費者本人分に係る契約につき公序良俗違反・不法行為の適用を否定。

　①消費者の利用頻度に照らせば利用権が約4年分に相当し、消費者の年齢（筆者注：高齢と思われる。）を考慮しても過大とまではいえない。

	裁判年月日	公序良俗違反	不法行為	過失相殺	取消権（消契法）	解除権（特商法）
1	静岡地浜松支判平成17・3・10		△			
2	大阪地判平成18・9・29	B_1ら：△ B_2：×	B_1ら：×※1 B_2：×			
3	高松高判平成20・1・29	△	△	×		
4	大阪地判平成20・1・30	△	△	×		
5	東京地判平成20・2・26		○	○2割		
6	大津地判平成20・2・28	×	△	○7割		
7	大阪地判平成20・4・23	B_1：△ B_2：× B_3：×	B_1：△ B_2：× B_3：×	B_1：×		
8	東京地判平成20・6・30	×	×			
9	大阪地判平成21・4・15	○※2				
10	岐阜地大垣支判平成21・10・29	○				
11	福岡地判平成22・7・7	△	×			
12	奈良地判平成22・7・9	△	×※1			

目的	期間又は単発	代金総額	精神状態等	取引形態
化粧品等	約1か月半	約915万円	軽度精神遅滞	電話
着物等	B₁ら：約2年 B₂：約1年6か月	B₁ら：約1850万円 B₂：約520万円	認知症	B₁ら：展示会 B₂：催事等
着物等	約1年5か月	約2750万円	精神神経障害	店舗
着物等	約3年	債務残額600万円超	抑鬱状態	社内販売
教材	他事業者含め約12年	他事業者含め1100万円以上		電話（職場）
着物等	約1年2か月	約1160万円	双極性感情障害	店舗等
着物等	B₁：約7年 B₂：約2年2か月 B₃：約11か月	B₁：1029万円 B₂：約280万円 B₃：約238万円	抑鬱状態	社内販売
着物等	約8か月	約1100万円		店舗
宝飾品	約10か月	約750万円		店舗等
掲載・出展	約1年（他事業者ら：約6年）	約48万円（他事業者ら：約2600万円）	認知症	
婦人服等	約半年	約1290万円	双極性気分障害、軽度認知症	店舗
着物等	約7年6か月	約3600万円	認知症	店舗等

13	東京地判平成23・11・28	B₂：×	B₄以外：× B₄：○			
14	東京地判平成24・7・27	×				
15	東京地判平成24・9・13		○	○7割		
16	東京地判平成25・4・26	×				
17	東京地判平成26・1・29	○※2				
18	東京地判平成26・2・17	×	×			
19	津地判平成26・9・29	△				
20	大阪高判令和1・12・25		△	×		
21	東京地判令和2・1・29		△	○3割		
22	東京地判令和2・6・30	×	×		○	
23	東京地判令和4・11・1					×
24	東京地判令和5・1・31	×			○	
25	さいたま地熊谷支判令和5・2・14	×	△			

（凡例）　番号は、本書第3章の裁判例を指す。
　　　　○は裁判所が当該法令の適用を認めたもの。×は否定されたもの。△は審理
　　　　事業者複数の事案については区別する略称として「B…」と表記している。
　　　　「期間又は単発」欄については判断の対象外の契約を含む場合、「代金総額」

（表注）　※1…公序良俗違反による無効が否定された範囲の契約に対する判断、※2

健康器具等	B₁：約２年８か月 B₂：約７か月 B₃：単発 B₄：約３か月	B１：約970万円 B２：約600万円 B３：約120万円 B４：約150万円	男性：身体化障害、精神遅滞 母親：腎不全等	住居訪問
宝飾品等	約２年	約300万円		展示会
健康器具等	約１年６か月	約650万円	軽度精神遅滞	住居訪問
婦人服等	約４年６か月	約1100万円	認知症	店舗
着物等	約５年	約4000万円		展示会等
着物等	約12年	4000万円超		住居訪問
宝飾品	約１年２か月	3000万円超	鬱病	展示会
宝飾品	約２か月半	約300万円		店舗
宝飾品等	約13年７か月	約6500万円	認知症	店舗
宝飾品	約３年８か月	約4800万円	認知症	店舗
衣服等	10日	約175万円		ネットオークション
宝飾品等	約７年	約370万円		住居訪問等
健康飲料等	約１年半	約1230万円		店舗

の対象である複数の契約の一部に限定して適用を認めたものを指す。

欄については判断の対象外の契約や分割手数料を含む場合がある。
…補助参加人である事業者との契約についての判断

■ 著者略歴 ■

朝山　道央（あさやま　みちお）

1999年　司法試験合格
2001年　関西学院大学卒業
2002年　司法修習修了、検事任官
2005年　弁護士登録
〔著作〕
『企業犯罪と司法取引』（編著、金融財政事情研究会、2017年）

KINZAI バリュー叢書 L

過量販売

2025年3月31日　第1刷発行

著　者　朝　山　道　央
発行者　加　藤　一　浩

〒160-8519　東京都新宿区南元町19
発　行　所　一般社団法人 金融財政事情研究会
編 集 部　TEL 03(3355)1721　FAX 03(3355)3763
販売受付　TEL 03(3358)2891　FAX 03(3358)0037
URL https://www.kinzai.jp/

DTP・校正：株式会社友人社／印刷：三松堂株式会社

・本書の内容の一部あるいは全部を無断で複写・複製・転訳載すること、および磁気または光記録媒体、コンピュータネットワーク上等へ入力することは、法律で認められた場合を除き、著作者および出版社の権利の侵害となります。
・落丁・乱丁本はお取替えいたします。定価はカバーに表示してあります。

ISBN978-4-322-14542-7

創刊の辞

2011年3月、「KINZAI バリュー叢書」は創刊された。ワンテーマ・ワンブックスにこだわり、実務書より読みやすいが新書ほど軽くないをコンセプトに、現代をわかりやすく切り取り、かゆいところに手が届く、丁度いい「知識サイズ」に仕立てた。

ニュース解説に留まらず物事を「深掘り」した結果、バリュー叢書は好評を博し、間もなく第一作の「矜持あるひとびと」から数えて刊行100冊を迎える。読者諸氏のご愛顧の賜物である。

バリュー叢書に通底する理念は不易流行である。「金融」「経営」などのあらゆるジャンルに果敢に挑戦しながら、「不易」—変わらないもの—と「流行」—変わるもの—とをバランスよく世に問うことである。本叢書シリーズは決して色褪せない。それはすなわち、斯界の第一線実務家や研究者が現代を切り取り、コンパクトにまとめ、時代時代の先進的なテーマを鮮やかに一冊に落とし込んでいるからだ。次代に語り継ぐべき大切な「教養」や「斬新な視点」、「魅力溢れる人間力」が手本なき未来をさまようビジネスパーソンの羅針盤になっているものと確信している。

2022年12月、新たに「Legal」を加え、12年振りに「バリュー叢書L」を創刊する。不易流行は変わらずに、いま気になることがすぐにわかる内容となっている。第一線実務家や研究者はもとより、立案担当者や制度設計に携わったプロ達も執筆陣に迎えている。

新シリーズもまた、混迷の時代、先が見通せないと悩みながら「いま」を生き抜くビジネスパーソンの羅針盤であり続けたい。

加藤　一浩